DELIUS KLASING

MORITZ SCHULT

Bootspflege selbst gemacht

Delius Klasing Verlag

Bibliografische Information Der Deutschen Nationalbibliothek
Die Deutsche Nationalbibliothek verzeichnet diese Publikation in der Deutschen Nationalbibliografie; detaillierte bibliografische Daten sind im Internet über http://dnb.d-nb.de abrufbar.

4. Auflage
ISBN 978-3-87412-169-9

Titelfoto: H.-G. Kiesel
Umschlaggestaltung: Ekkehard Schonart
Zeichnungen: Moritz Schult
Gesamtherstellung: DZA Druckerei zu Altenburg GmbH, Altenburg
Printed in Germany 2010

Delius Klasing Verlag, Siekerwall 21, D-33602 Bielefeld
Tel.: 0521/559-0, Fax: 0521/559-115
E-Mail: info@delius-klasing.de
www.delius-klasing.de

Inhalt

Vorwort

Als unser Vater das Buch mit gleichlautendem Titel Anfang der 70er Jahre konzipierte und schrieb, war das Angebot an Pflege- und Reinigungsmitteln, die speziell für den Einsatz auf Schiffen oder Booten hergestellt wurden, rar. Heute (zu Beginn des neuen Jahrtausends) gibt es eine Fülle an Produkten rund ums Boot, die wir Anwender kaum komplett überblicken oder gar beurteilen können. Oft verwenden wir, was wir entweder schon immer benutzten, was uns Sportfreunde empfehlen oder was durch Werbung Erfolg verspricht. So finden wir auf dem Markt Pflegemittel für Außen, für Innen, für die Toilette, für die Pantry, für die Winsch, für die Fender, für die Bilge, für den Wasserpass und viele Bereiche mehr. Jeder Hersteller hat ein umfangreiches Sortiment, aber nicht alle Mittel erzielen auch den erhofften oder gewünschten Effekt.

Bootspflege und damit auch die Erhaltung unseres Wertobjektes ist mir sehr wichtig. Mein erstes Boot bekam ich bereits mit sechs Jahren – einen Optimisten aus Holz –, zwar zu schwer, um bei Regatten ganz vorne mitzusegeln, es sei denn, es gab eine ordentliche steife Brise, aber stabil und sicher, um das Segeln richtig zu erlernen. Gewissenhafte Bootspflege war da unbedingt notwendig, denn dieses Boot war als Eigenbau meines Vaters einmalig und zu damaliger Zeit kaum wieder zu beschaffen. So stand ich mit meinen jungen Jahren vor einem für mich riesigen Boot mit noch riesigeren Lackflächen, die zu schleifen fast kein Ende nahmen, hätte da nicht der Vater helfend mit angepackt (Sie als Leser mögen schmunzeln, aber die Verhältnismäßigkeit von Größen sollten Sie bedenken).

Dann wurde ich größer und damit wurden auch die Boote größer – es gab einen clubeigenen Piraten, natürlich auch aus Holz, aus wunderbarer Eiche. Allerdings war der Zustand des Bootes nach 20 Jahren regelmäßigen Einsatzes auf Regatten und Fahrtensegelei für mich nicht sehr überzeugend. Kurz entschlossen wurden alle alten Lackschichten heruntergeholt, mit

Ziehklinge und Schmirgelpapier in mühevoller Handarbeit, denn Schleifmaschinen kannten wir noch nicht. Anschließend wurde ein perfekter Anstrich, der natürlich aus 7 Schichten bestehen musste, wieder aufgebaut. Dann gab es auch für uns die Neuheit: eine 420er-Jolle aus Kunststoff – pflegeleicht und robust, und Segeln machte noch mehr Spaß. Nun brauchten wir nicht mehr zehn oder mehr Stunden an dem Boot zu arbeiten, um eine Stunde zu segeln. Wunderbar!
Schließlich fand ich an der Seesegelei mein größtes Vergnügen, aktiv begonnen mit dem Kielschwertkreuzer der elterlichen Familie, der aus Stahl gebaut war: Ein hervorragender Werkstoff für ein seegängiges Boot, wenn er regelmäßig begutachtet und kleinste Stellen sofort behandelt werden, was wir auch eifrig taten. Mit der Gründung der eigenen Familie folgte der erste eigene Seekreuzer, nun aus GFK. Auch hier begleiteten die Pflege und Wartung unseren Segelalltag, und so nach 22 Betriebsjahren ist unser Boot rundum seefester als beim Stapellauf.
Mir bereitet die Arbeit am Boot immer viel Freude, findet diese doch meistens in einer bewegungsarmen Jahreszeit statt und dann noch in der frischen Luft, also der richtige Ausgleich für das Sitzen bei der trägen Bürotätigkeit oder beim Studieren. Auch war im Winter immer ein Gesprächspartner im Bootshaus. So erzählten wir uns gerade in dieser kalten Jahreszeit viel über das Segeln und Leben an Bord. Dort gab es auch immer genügend Tipps von erfahrenen Skippern für das Behandeln und Bearbeiten von Booten – auch Skipper klönen gern!
An dieser Stelle sei allen meinen Freunden gedankt, die mir zahlreiche Hinweise lieferten und ihre eigenen »Wundermittel« preisgaben. Mein besonderer Dank aber gilt unserem Vater, Joachim Schult, der es mir mit der Übergabe seines Buches ermöglichte, mit dieser neuen, komplett überarbeiteten Auflage meine langjährigen Erfahrungen mit der Bootspflege weiterzugeben.

Moritz Schult

Unsere Motivation zur Bootspflege

Segeln und Schippern ist unser Hobby!

Kann dieses wunderbare Hobby treffender mit wenigen Worten beschrieben werden als mit denen von Hans Leip: Segeln ist Handarbeit! Eigentlich betreiben wir mit Freude beides – Segeln in unterschiedlich schönen Revieren auf kleinen und längeren Törns und Arbeiten oder Handwerkeln an unserem geliebten Boot.

Für mich haben Boote deshalb immer eine Seele – oder warum gibt man ihnen sonst so klangvolle Namen? Weil unser Boot etwas für uns bedeutet, werden wir es regelmäßig pflegen und warten, Reparaturen und Verbesserungen durchführen und es so recht lange gebrauchsfähig erhalten und seine Schönheit bewahren. Sieht nicht wirklich ein gut gepflegtes Boot viel seemännischer aus?

Natürlich gibt es, wie überall, auch in unserem Sport Extreme. So finden wir Bootseigner, die gern und ausgiebig basteln und mit vielen neuen Einfällen und Ideen ständig verhindern, auf dem großen oder kleinen Wasser zu schippern, und solche, die nur den Segelspaß wollen und für die das Aussehen ihres Bootes vollkommen unwichtig ist. Zwischen diesen Extremen gibt es Wassersportler, die ihrem – unserem – Hobby ausgiebig frönen, aber ebenso viel Wert darauf legen, dass ihr Schiff seemännisch gut erhalten aussieht, sicher im Gebrauch ist, und die mit praktischen, oft einfachen Gegenständen das Leben an Bord wohltuend gestalten. Für diejenigen ist dieses Buch gedacht: als Anleitung dazu, um mit den effektivsten und umweltfreundlichsten Mitteln und Produkten das beste Resultat in geringem Zeitaufwand zu erzielen!

Wurden früher eher aggressive Mittel zur Reinigung und Pflege des Schiffes eingesetzt, die die Umwelt schädigten, so sind es heute sanfte Reiniger, die biologisch abbaubar sind. Auf ihre Umweltverträglichkeit wird bei den (von mir) eingesetzten Mitteln besonderer Wert gelegt.

Unter dem Aspekt, dass viele zunehmend einer sitzenden Beschäftigung nachgehen, sollten wir die Arbeiten rund um das Boot auch als wertvoll betrachten, denn wir können uns das Geld für das Fitness-Studio sparen. Da die kraftaufwändigen Hauptarbeiten im Frühjahr zu erledigen sind, bietet sich hier eine Chance, mühelos den Winterspeck loszuwerden und unsere Muskeln für den Sommersport zu trainieren. Hinzu kommt die ausgiebige Bewegung in frischer Luft, auch wenn bei manchen Arbeitsabläufen Staub manchmal nicht zu vermeiden ist.

Mit regelmäßiger Pflege und sorgfältiger Wartung möchten wir einerseits die Qualität und damit den Wert unseres Bootes erhalten und andererseits ein für unsere eigene Sicherheit bei allen Wettern zuverlässiges Boot schaffen. Durch regelmäßige Erledigung der anfallenden Arbeiten stellen wir sicher, dass wir uns auf jedes Teil rund um unser Boot vom Rumpf bis zum Rigg verlassen können. Alle verschleißbaren Materialien werden gewartet und für die Saison versorgt. Die vielen Ausrüstungsgegenstände werden auf ihre Funktion hin geprüft und gepflegt. Mit der eigenen Handarbeit am Boot lernen wir alle Ecken und Winkel besser kennen, so dass wir notfalls bei Ausfällen richtig und schnell reagieren können. Ein sicheres und tüchtiges Boot macht uns unabhängig, denn wir können uns dann auch in schwierigen Situationen darauf verlassen. Sein schönes, gut gewartetes Aussehen behält unser Boot, wenn wir kleine Schäden immer rechtzeitig beseitigen und Oberflächenschrammen prompt mit Farbe ausbessern, damit sich keine Feuchtigkeit unter der Farbschicht ausbreiten kann und wir dann später größere Schäden beheben müssen.

Nicht alles, was in den folgenden Abschnitten beschrieben wird, lässt sich jederzeit durchführen, denn dazu ist unser Boot ein zu sehr komplexes Gerät. Eine regelmäßige Erledigung vieler kleiner Arbeiten aber erspart später größere Reparaturen oder Instandsetzungen. Da einige dieser Arbeiten während der Saison weitaus angenehmer zu gestalten sind als im Winter, werden sie in das Kapitel »Sommer – unser Boot ist in Betrieb« aufgenommen.

In diesem Buch geht es nicht nur darum, Vorschläge und Anleitungen zu vermitteln, die nur den äußeren Eindruck des Bootes betreffen. Es umfasst viel-

mehr alle Bereiche rund ums Boot wie Bootsrumpf (einschließlich Kiel, Schwert, Ruder) – Deck (Decksbelag, Reling, Fenster, Lüfter) – Takelage (Rigg und Segel) – Motor – Elektrik und sonstige Ausrüstungen und Sicherheitseinrichtungen. Bootspflege beinhaltet für mich auch den pfleglichen Umgang mit unserem Boot. Für diejenigen, die am Basteln Freude haben und mehr Zeit investieren wollen, werden im Kapitel »Spaß am Basteln« einige Verbesserungen und Reparaturen vorgeschlagen, die nicht unbedingt notwendig sind, aber den Komfort und die Sicherheit ihres Bootes noch erhöhen können.
Tipps und Tricks der unterschiedlichen Bereiche während der Durchführung der Bootspflege sind zur besseren Übersicht durch verschiedene Symbole markiert:

Organisation der Arbeiten rund ums Boot
Inhalt: Vermeidung überflüssiger Arbeit
Aufräumen, Ordnen, Vorausdenken, praktische Werkzeuge, wichtige Hilfsmittel

Bootspflege
Inhalt: Erhaltung der Schönheit und des Wertes des Bootes
Säubern, Schützen, Reinigen, Wartung, Trocknen, Lüften

Bootsüberholung
Inhalt: Unterhaltung des Bootes
Schleifen, Grundieren, Streichen, Lackieren, Polieren, Abdichten, Nähen

Basteln
Inhalt: Erhöhung der Sicherheit und des Wohlfühlens an Bord
Reparaturen, Verbesserungen, seemännische Takelarbeiten, Neueinbauten

Jahreszeitliche Arbeiten

Frühjahr – Instandsetzung und Indienststellen unseres Bootes

Endlich steht die Sonne höher, und damit beginnt für uns Wassersportler die Vorfreude. Bald geht das Boot ins Wasser, und die Saison beginnt! Wir sollten uns die Zeit nehmen, um unser Boot für den Sommer vorzubereiten. Was wir jetzt gründlich prüfen, warten und reparieren, kann uns später nicht mehr den Wochenendtörn oder gar die Urlaubsreise vermiesen.
Der Frühling für uns Bootseigner beginnt eigentlich schon weit vor dem Frühlingsanfang unseres Kalenders. Wenn das Vogelgezwitscher morgens munter beginnt und die Tage länger und wärmer werden, lockt unser Boot. Endlich beginnt wieder die Saison, die uns glücklich macht! Die wartungsarmen Boote von heute lassen die Arbeitszeit immer mehr zusammenschrumpfen: So verlängert sich die Saison weiter in den Frühling und den Herbst hinein. Kleine Boote machen weniger Sorgen als große, und wer die Saison mit einem Neubau beginnt, kann diesen ersten Abschnitt unbedenklich überschlagen: Sein Boot ist topfit und sauber, er mag mit der Lektüre der laufenden Pflegearbeiten zur Werterhaltung in der Sommerzeit beginnen.
Wenn wir die Einwinterung unseres Bootes besonders gut erfüllt haben, ist das Indienststellen kein Problem, und wir brauchen uns von der plötzlichen Hektik auf dem Bootslagerplatz nicht anstecken zu lassen. Die wichtigste Arbeit des Frühlings ist das Konservieren der nicht verrottungsfreien Teile unseres Bootes mit Farbe, das Streichen der Unterwasserfarbe und das Pflegen und Versiegeln der Überwasserbereiche. Es soll hier nicht wiederholt werden, was die Hersteller an Anleitungen für ihre speziellen Produkte jedem Bootseigner kostenlos mit auf den Weg geben. Wir können uns auf einige Tipps aus der Praxis beschränken, die Ärger, Zeit und Geld sparen helfen.

Grundsätzliches zur Bootsüberholung

Welche Arbeiten wir Wassersportler am Bootskörper selbst vornehmen, hängt in erster Linie von unseren Fähigkeiten, der zur Verfügung stehenden Zeit und den finanziellen Möglichkeiten ab. In dem Maß, wie wir uns im Lauf der Zeit mit unserem Boot und der Ausrüstung beschäftigen, werden wir zunehmend auch in der Lage sein, größere Reparaturen selbst auszuführen. Dabei ist zu empfehlen, dass die ersten größeren Reparaturarbeiten von einer Werft oder einem Fachmann ausgeführt werden. Wir sollten so oft wie möglich den Fachleuten bei der Arbeit zusehen und ihnen behilflich sein. Hierdurch können wir erfahren, welche Arbeiten wir in Zukunft selbst durchführen und worauf genau zu achten ist. Trauen wir uns später Reparaturarbeiten selbst zu, so sollten wir die Arbeiten dennoch von einem Fachmann überwachen oder wenigstens begutachten lassen. Das betrifft besonders Arbeiten an festigkeitstragenden Bauteilen, wie Außenhaut, Kiel, Steven, Spanten, Stringer, Deck und Takelage.
Liegt unser Boot in einem Club oder einer Marina, wo es also viele Gleichgesinnte gibt, so ist es für uns von Vorteil. Stets wird einer in der Sache kompetent oder erfahren sein und gern sein Wissen weitergeben und Tricks verraten. Wen wundert es also, dass bestimmte Mittel oder Produkte in bestimmten Regionen häufiger verwendet werden?
Art und Umfang der Pflege, die der Bootskörper braucht, hängen wesentlich von seinem Baumaterial ab. Es gibt kein pflegefreies Baumaterial, oftmals wird leider das Gegenteil behauptet. Jedes Bootsbaumaterial und seine schützende Farbschicht leiden unter den Umwelteinflüssen, denen ein Boot ausgesetzt ist. Um unser Boot gegen diese Einwirkungen zu schützen, sollten wir die Materialien und ihre Handhabung kennen lernen. Natürlich ist uns bewusst, dass wir mit unseren Pflegemaßnahmen oft nicht konsequent sind. Lieber beschäftigen wir uns mit der Überholung des Überwasserschiffes, weil es bequem erreichbar ist, als dass wir uns gekrümmt und gebückt um den besonders wichtigen Unterwasserbereich kümmern. Aber auch unbeliebte Arbeiten gehören zur Frühjahrsüberholung! Übrigens – am meisten Spaß macht es natürlich, wenn die gesamte Crew

bei der Überholung hilft. So lernt sie das Boot rundum gut kennen, und die Arbeiten gehen flink voran.

Wie beginnen wir?

Der Wetterbericht verkündet warme und trockene Tage, und falls wir nicht unseren Winterliegeplatz in einer Halle haben, werden sie von uns genutzt. Je nach Größe des Schiffes sind wir dann in drei bis vier Tagen mit der Frühjahrsüberholung fertig. Liegen größere Reparaturen an oder wird eine Osmosebehandlung notwendig, dauert die Instandhaltung dementsprechend länger.
Zunächst befreien wir unser Boot von der Winterplane. Diese wird gesäubert, indem wir die beschichtete Oberfläche mit einem feuchten Lappen abreiben. Bei dieser Gelegenheit sollten wir die Plane auf kleine Löcher und mürbe Stelle untersuchen und gleich reparieren, dann gerät es nicht in Vergessenheit und sie ist im Herbst sofort einsetzbar. Falls unsere Plane imprägniert werden muss, sollten wir es auch gleich tun, denn jetzt ist die Plane trocken und das Wetter dafür gut geeignet. Dann wird sie trocken zusammengelegt und bis zum nächsten Winter verstaut.
Nun begutachten wir unser Boot – was ist zu tun und was können wir noch bis zum Sliptermin schaffen? Zunächst fegen wir den losen Staub und trockene Blätter an Deck und im Cockpit zusammen. Anschließend können wir unser Boot mit lauwarmem Wasser und einem milden Reinigungsmittel feucht wischen. Diese anfängliche Reinigung sollte unbedingt vorgenommen werden, damit der graue Schleier bei folgenden Polierschritten nicht weiter in die Oberfläche einpoliert wird.

Frühjahrsputz für GFK-Boote

Besitzen wir ein GFK-Boot, bei dem die Gelcoat-Außenhaut nicht zu streichen ist, besteht die Frühjahrsüberholung im Wesentlichen aus dem Reini-

gen und Polieren der Gelcoatflächen und dem abschließenden Versiegeln der Oberfläche.
Mit einer Politur oder Schleifpaste wird die Außenhaut gereinigt und poliert. Und keine Angst, unsere zwar hauchdünne, aber widerstandsfähige Gelcoatschicht schleifen wir so schnell nicht herunter.
Die Fläche wird mit leichtem Druck so lange bearbeitet, bis sie sauber ist und glänzt. Kreisförmige Bewegungen ohne großen Druck führen zum besten Ergebnis. Bei größeren Booten lohnt sich hier auch der Einsatz einer Poliermaschine. Das Poliertuch bzw. die Polierscheibe sollte immer möglichst sauber sein, damit nicht der alte Dreck eingearbeitet wird. Entstehen auf der Oberfläche Schlieren, so hat sich das Tuch voll gesetzt und sollte schleunigst gewechselt werden. Auch sollten wir immer nur so viel Fläche einreiben, wie wir hinterher bearbeiten können, also etwa eine Fläche von einem halben Quadratmeter. Am besten macht es sich zu zweit – einer bringt die Politur auf und der andere reibt nach.
Obwohl wir mit dem Resultat jetzt bereits zufrieden sein könnten, denn die Oberfläche glänzt und ist sauber, sollten wir auf jeden Fall unsere Arbeit in einem weiteren Arbeitsschritt durch Wachsen noch versiegeln. Das spart weitere Arbeit während der gesamten Saison, die wir unserem Hobby widmen können! Bei dieser Nachbehandlung sorgt ein wachshaltiges Mittel für Hochglanz und versiegelt und schützt die Oberfläche nachhaltig vor neuen Verschmutzungen. Mit einer Poliermaschine unter nur leichtem Druck erzielen wir hierbei einen optimalen Glanz. Dabei beachten wir, dass das Wachs auf der Oberfläche bleibt und nicht herunterpoliert wird, was bei zu starkem Aufdrücken beim Polieren der Fall ist.

Wichtig: Unser Unterwasserschiff

Saubere Unterwasserschiffe erhöhen die Geschwindigkeit unseres Bootes, und durch geringere Reibungsverluste sparen wir sogar Kraftstoff. Jedes Jahr ist deshalb ein Anstrich des Unterwasserschiffes notwendig. Manchmal ist es sogar erforderlich, den gesamten alten Farbaufbau zu entfernen.

Dies ist der Fall, wenn die Farbe abblättert oder wenn wir starken Blasenbefall bemerken, was eine Osmosebehandlung erfordert.
Osmoseschäden am Unterwasserschiff werden durch Blasen sichtbar, die zunächst stecknadelkopfgroß, später wesentlich größer, kugelförmig hervorquellen. Die wässrige Lösung innerhalb der Blasen greift die Kunststoffschicht an und führt zur Verminderung der Festigkeit des Bootsbodens. Die notwendigen Schritte der Osmosebehandlung sind im Kapitel »Besonderheit bei GFK-Booten: Blasenpest (Osmose)« aufgeführt.

Bewuchs am Unterwasserschiff kann auf dreierlei Art verhindert werden:
- durch Störung der Bewuchsorganismen, indem Biozide abgegeben werden (sogenanntes Antifouling)
- durch Abschwämmen der Oberfläche, um dem Bewuchs ständig den Untergrund zu entziehen
- durch Auftragen extrem glatter Oberflächen, auf denen zwar Bewuchs entsteht, der jedoch im Seegang rasch weggespült wird.

Kleine Boote lassen sich von Zeit zu Zeit gut mechanisch reinigen, und wir können auf einen giftigen Unterwasseranstrich verzichten.
Welchen Anstrich wir bevorzugen, sollte sorgfältig bedacht werden. Er sollte in jeden Fall für das Fahrtgebiet und den Bootseinsatz richtig gewählt werden. In Salz-, Süß- und Brackwasser leben verschiedene Arten von Organismen, die unterschiedliche Antifoulingbehandlungen erfordern. Jährlich sollten wir uns erneut informieren, denn die Farbenhersteller entwickeln ständig neue Farben, die umweltschonender und effektiver sind. Die Wirkung gängiger Antifoulingfarben wird hier kurz erläutert.
Selbstpolierende und selbsterodierende Antifoulingfarbe gibt ihre Wirkstoffe gleichmäßig ab, bis sich der Anstrich vollständig vom Schiff gelöst hat. Sie ist schwach wasserlöslich, und nach der Abgabe der Biozide wird die rau gewordene Oberfläche durch die Wasserbewegung wieder glatt erodiert. Dadurch gelangen neue Antifoulingwirkstoffe an die Oberfläche und können aktiv wirken.
Im Gegensatz dazu ist Hartantifouling wasserunlöslich. Die darin enthaltenen Biozide werden durch das Wasser aus dem Anstrich herausgespült.

Diese Kontaktauslaugung verringert sich kontinuierlich und damit auch die Antifoulingwirkung. Durch ein Anschleifen der Hartantifouling lässt sich diese jedoch reaktivieren. Hartantifouling ist aufgrund ihrer hohen Abriebfestigkeit besonders für schnelle Boote geeignet.
Eine neuere Antifoulingfarbe wurde durch Beimischen von Teflon entwickelt. Damit werden extrem glatte Oberflächen erzielt, damit Bewuchs gar nicht erst anhaftet. Meistens sind zur Sicherheit aber zusätzlich organische oder anorganische Biozide (wie Kupfer oder Zinn) enthalten. Ähnlich hohe Oberflächenspannungen wie Teflon werden auch mit Silikon erreicht. Diese Farben haben sich bisher am Markt jedoch nicht durchgesetzt, vielleicht weil das Aufbringen größeren Aufwand erfordert.
Bevor wir im Frühling Antifoulingfarbe streichen, schaffen wir eine glatte, saubere Oberfläche und entfernen abblätternde alte Schichten oder Haarrisse. Am besten schleifen wir mit wasserfestem Schleifpapier, damit keine giftigen Schleifpartikel in der Umgebung verteilt werden. Selbstpolierende Antifoulings brauchen nicht unbedingt geschliffen zu werden; vor dem Anstrich wird jedoch der Untergrund mit Verdünnung abgerieben.
Vor dem Streichen wird der Untergrund sorgfältig von Staub und Fett gereinigt, damit die Antifouling hervorragend haftet. Die Antifoulingfarbe lässt sich am leichtesten mit einer Lammfellrolle mit kurzem Flor oder auch einer Schaumrolle, die allerdings häufiger erneuert werden muss, auftragen. Bei kleineren Unterwasserflächen bevorzugen wir einen Pinsel. Vor dem Streichen wird jetzt noch der Wasserpass mit Tape abgeklebt, damit wir zügig mit der Konservierung des Unterwasserschiffes vorankommen.
Die optimale Wirkung der Antifouling wird in Abhängigkeit von der richtigen Schichtdicke erzielt. Normalerweise tragen wir zwei dünne Schichten auf, aber letztendlich hängt es vom Fahrtgebiet ab. Dabei ist zu beachten, dass alle benutzten Produkte wie Verdünner und Mittel für die Grundierung und den Endanstrich miteinander verträglich sind. Nicht jede Antifoulingfarbe kann mit einer anderen überdeckt werden. Eine selbstpolierende Antifoulingfarbe auf dem Unterwasserschiff sollte auch wieder mit einer solchen überstrichen werden. Insbesondere teflonhaltige Farben sind nicht auf einer

anderen Farbe haltbar – vor der Verwendung muss deshalb die alte Unterwasserfarbe restlos entfernt werden.

Bewuchs bildet sich schneller bei Sonneneinstrahlung, und daher ist der Bereich direkt unter der Wasserlinie besonders betroffen. Deshalb kann hier eine zusätzliche Schicht Antifouling einen wirksameren Schutz bieten.

Zinkanoden werden niemals mit Farbe überstrichen, da sie dann nicht korrodieren und damit nicht wirken (siehe auch Kapitel »Kathodischer Schutz mit Opferanoden«). Auch Propeller erhalten keinen Anstrich, denn sie sind in schneller Bewegung, so dass sich kein Bewuchs festsetzen kann.
Stellen wir nach dem Slippen einen frühzeitigen Bewuchs an unserem neuen Unterwasseranstrich fest, so gibt es verschiedene Ursachen, die wir bei der nächsten Frühjahrsüberholung folgendermaßen vermeiden können:

- Ein zu starkes Verdünnen der Antifoulingfarbe führte beim Auftragen zu einer zu geringen Schichtdicke und damit zur Beeinträchtigung der Wirkung ➔ die Antifoulingfarbe unverdünnt verwenden.

Falls bei kaltem Wetter die Farbe zu dickflüssig ist, kann es helfen, wenn die Farbdose zuvor in ein lauwarmes Wasserbad oder in einen warmen Raum gestellt wird.

- Ungenügendes Umrühren der Antifouling vor Beginn der Malerarbeiten ➔ Farbe mit einem Holzstab gut durchrühren.
- Das Streichen erfolgte unter schlechten Wetterbedingungen wie Regen, Nebel, Frost oder unter Einwirkung von Kondenswasser ➔ trockenes und warmes Wetter ausnutzen.
- Es wurde eine falsche Sorte von Antifouling für das entsprechende Gewässer gewählt ➔ beim Händler nachfragen und Gebrauchsanweisung gründlich studieren.
- Das Unterwasserschiff war noch schmutz- oder ölhaltig, als mit dem Anstrich begonnen wurde ➔ vor dem Anstrich das Unterwasserschiff mit dem für die Antifouling angegebenen Verdünner gut abreiben.

Um den Verbrauch an Farben und deren Sorte für den nächsten Einkauf im Frühjahr nicht zu vergessen, notieren wir Farbnummer und -hersteller sowie Menge in unserem Bordbuch.

Bootsüberholung von Stahlschiffen

Stahl ist ein hervorragender Werkstoff, der zwar eine andere Bauweise als die von Holz- oder GFK-Booten erfordert, mit dem sich aber hinsichtlich der Dichtigkeit und der Festigkeit besonders stabile und sichere Boote bauen lassen. Effektiv lassen sich bei Stahlbooten Werkzeuge wie Trennschleifer, Schweißgerät oder Bohrmaschine einsetzen. Im Gegensatz zu GFK gibt es keine Schwierigkeit, kleine nützliche Änderungen durchzuführen oder praktische und notwendige Dinge zu befestigen. So können wir zusätzliche Tanks einbauen, die sich durch steife Verbindung an den Spanten auch bei Seegang nicht lösen, sowie Kleiderhaken oder Borde für Bücher anschrauben. Die Bilgepumpe kann durch ein Ösfass ersetzt werden, denn das Innere des Bootes ist trocken. So kann der Kiel mit Sachen, die kühl und trocken aufbewahrt werden sollten, beladen werden. Allerdings haben Stahlboote zwei Feinde: Elektrolyse und Rost.
Während wir auftretende Abriebstellen oder kleine Korrosionsstellen auf einem neuen Stahlschiff zunächst nur mit einem Haarpinsel ausbessern, so werden mit steigendem Lebensalter des Bootes auch die Pinsel meistens größer. Wichtig bei der Pflege eines Stahlbootes ist also auch hier, dass wir vorbeugen. Roststellen oder kleine mechanische Beschädigungen der Farbschicht werden unmittelbar nach Erkennen sofort ausgebessert, damit wir möglichst viele Jahre beim Gebrauch des Haarpinsels bleiben können.
Die Lebensdauer eines Stahlbootes hängt sehr stark von der ersten Grundbehandlung ab. Wir sollten deshalb darauf ein besonderes Augenmerk legen. Ideal ist das Sandstrahlen des Bootes und das Feuerverzinken vor dem ersten Anstrich.
Das beste Rostschutzmittel für ein Stahlboot ist das Versiegeln mit einem Mittel auf der Basis von Zink. Es wirkt durch kathodischen Schutz gegen

Elektrolyse, wobei das Zink oxidiert und damit nachhaltig den Stahl schützt. Bewährt hat sich hier das Rostschutzmittel ZN95, Zink in fast reiner Form, das nach kürzester Trocknungszeit sehr gut auf dem Stahl haftet. Es verbindet sich mit dem Metall und verhindert nicht nur das Rosten großer Flächen, sondern auch die Rostbildung auf Schweißnähten und das Unterrosten von Lacken und Farben. Dabei ist die Vorbehandlung des Untergrundes denkbar einfach, denn nur der lose und abblätternde Rost muss abgestoßen werden.

Bei der Rostversiegelung arbeiten wir nicht direkt mit dem Pinsel aus der Dose, denn loser Rost, Verschmutzungen oder Feuchtigkeit können chemische Reaktionen hervorrufen und damit den Doseninhalt unbrauchbar machen.

Der nachfolgende Anstrich muss dann auf Zink haften. Aber es wird nicht gleich auf dem Zinkanstrich die Antifouling gestrichen, denn Zink muss ebenso vor Korrosion geschützt werden. Folglich bringen wir auf den Zinkanstrich zuvor den Korrosionsschutz auf.
Das Spachteln von Stahlbooten sollte sehr sparsam erfolgen, denn Korrosion unter der Spachtelschicht wird nicht sofort bemerkt, sodass größere Korrosionsschäden auftreten können. Der verwendete Spachtel sollte wasserresistent sein, damit keine Feuchtigkeit unter die Schichten wandert.

Auf nacktem Stahl wird nicht direkt gespachtelt, sondern erst auf der vorbehandelten und grundierten Fläche.

Stellen wir Blasen oder abplatzende Farbe auf der zu überholenden Bootsfläche fest, sollten wir diese Bereiche sorgfältig schleifen. Falls dabei der Stahl freigelegt wird, muss die Oberfläche metallisch blank geschliffen oder so rostig belassen gleich mit einem Rostumwandler oder mit Zink (ZN95) behandelt werden. Diese betroffenen Stellen werden dann unbedingt mit dem Korrosionsschutzsystem neu aufgebaut, was in der Regel 2 bis 5 Anstriche erfordert. Die Grundierung dient einerseits dazu, den Untergrund zu schützen und andererseits zum besseren Haften der weiteren Anstriche.

Wir arbeiten den Primer mit einem Pinsel gut in den Untergrund in der nötigen Schichtdicke ein. Eventuell kann zwischen den Schichten gespachtelt werden.

Wenn das Streichen unterbrochen werden muss, legen wir den Pinsel in eine Plastiktüte oder wickeln ihn fest in Alufolie. Die Farbe wird dann nicht austrocknen, und der Pinsel kann bei Arbeitsaufnahme weiterverwendet werden.

Für den Unterwasserbereich ist es wichtig, Antifoulingfarben zu verwenden, die in der Zusammensetzung kein Blei, kein Kupfer sowie keine Kupferverbindungen enthalten, weil diese elektrolytische Korrosion verursachen können. Da die Unterwasserfarbe nicht wasserundurchlässig ist, muss vor dem Antifoulinganstrich der Untergrund gut grundiert sein. Damit die Antifoulingfarbe besser haftet, kann das Auftragen auf den letzten, noch leicht klebrigen Grundierungsanstrich erfolgen. Ist dieser bereits ausgehärtet, schleifen wir das Unterwasserschiff nochmals leicht an.

Ein schöner Anblick: Holzboote

Hochglänzende Lackflächen auf einer schönen Holzmaserung erfreuen zwar das Auge, aber dafür ist einiges an Arbeit grundsätzliche Voraussetzung.
Der klassische, organische Werkstoff Holz ist speziell vor Fäulnisbildung zu schützen. So ein Holzboot ist ständigem Luft-Wasser-Wechsel, Luftfeuchtigkeitsschwankungen, Temperaturwechsel und Insektenbefall ausgesetzt. Bei schlechter Pflege kann es schnell verschleißen und der Fäulnisbildung oder dem strukturellen Verfall ausgesetzt sein. Die Bootsbauhölzer reagieren auf diese Belastungen zeitlich sehr unterschiedlich. Besondere Aufmerksamkeit gilt einem Holzboot, in dem Stahlrahmen für seine Festigkeit eingebracht sind. Sie bereiten Probleme mit der Korrosion. Meistens sind sie an so uneinsehbaren Stellen eingebaut, dass sie schlecht zu kontrollieren und erst recht zu pflegen sind.

Der größte Schutz des Bootskörpers gegenüber Fäulnisbildung wird durch Konservierungsmittel und Anstrichsysteme erreicht. Ziel der Pflegearbeiten und Anstriche ist, das Holz zu schützen, damit es nicht austrocknet, keine Feuchtigkeit aufnimmt und nicht von Staub und Dreck angegriffen wird. Der beste Schutz für das Holz ist Bootslack.
Zur Frühjahrsüberholung werden wir zuerst lackierte Holzflächen in einem schlechten Zustand vollständig abziehen. Der Gebrauch von Schleifpapier ist dafür zu mühsam, denn durch das kräftige Schleifen wird die Fläche warm und der alte Lack verschmiert. Deshalb benutzen wir für das Abziehen der alten Lackschichten eine Ziehklinge, mit der die Arbeit rasch erledigt ist.

Zum Abziehen der Lackschichten stellen wir die Ziehklinge in einem Winkel von etwa 75° an und ziehen sie zu uns heran.

An kritischen Stellen wie der Übergang von einer horizontalen in eine vertikale Fläche können Ziehklingen oder Stechbeitel leicht Schaden anrichten, wenn die Kante in das Gelcoat oder den Lack versenkt wird.

Die scharfe Außenkante der Ziehklinge umwickeln wir mit Textilklebeband. Dieses Tape hält eine große Anzahl von Berührungen ab, bis es durchscheuert.

Sind die Lackflächen noch ansehnlich, werden wir sie für das Lackieren nur anschleifen. Das Anschleifen alter Lackschichten oder auch abgezogener Holzflächen erfolgt in Faserrichtung des Holzes. Gutes Schleifen ist wichtig, damit wir einen ebenen und glatten Untergrund haben und die Lackschichten optimal aufeinander haften.
Um einen schönen Hochglanz beim Lack zu erzielen, werden die ersten Lackschichten verdünnt aufgebracht.

Benutzen wir neue Pinsel, streichen wir sie zuerst trocken auf sauberem Schleifpapier aus. Dabei fallen lose Borsten heraus und stören uns nicht später bei den Lackierarbeiten.

Der erste Anstrich auf rohem Holz erfolgt mit Halböl, einer Mischung aus je 50 % Lack und Verdünner. Danach muss die Schicht gut trocknen und aushärten. Für das Auftragen weiterer Schichten wird der Lack immer weniger verdünnt. Um ein exzellentes Ergebnis zu erhalten, ist ein Zwischenschliff mit feinem Schleifpapier erforderlich. Selbstverständlich ist auch, dass wir die Oberfläche und Umgebung vor dem Streichen gründlichst entstauben. Der Klarlack wird immer in Richtung der Holzmaserung ausgestrichen und verteilt.

Beim Lackieren in geschlossenen Räumen arbeiten wir von der Lichtquelle weg, damit die Güte der Lackoberfläche besser erkennbar ist und »Feiertage« sofort auffallen.

Für den Innenausbau verwenden wir an Bord nur wasserfestes Bootsbausperrholz. Denn bei der vielen Arbeit, die wir uns machen, lohnt es sich, hochwertiges Material bester Qualität zu verwenden. Sperrholzhirnkanten werden nicht offen liegen gelassen, sondern mit Vollholz abgedeckt oder die Kanten mit Lack oder Epoxid versiegelt.
Bevor wir ein Holzboot ins Wasser bringen, sollten wir uns die Arbeit des Einschwimmens erleichtern. Einige Tage vor dem Sliptermin legen wir feuchte Tücher oder Pappe in den Bootsrumpf, damit das Holz aufquillt.

Lackieren der Gelcoat-Außenhaut

Bevor wir mit den Lackierarbeiten beginnen, machen wir uns über die optische Wirkung von Farben und deren Aufteilung einige Gedanken. Wollen wir obendrein die bestehende Farbgebung des Bootes ändern, sollten einige Hinweise zur Farbwahl und seine Wirkung beachtet werden, die im nächsten Kapitel aufgeführt sind.
Voraussetzung für eine perfekte Lackierung ist das gute Schleifen des Untergrundes beziehungsweise das sorgfältige Anschleifen alter Farbschichten und Vorbereiten der Oberfläche und der Umgebung. Bis zu 80 % der Zeit wird für die Vorbereitung und Grundierung verwendet. Das ist keine verlorene Zeit, sondern Voraussetzung für ein gutes Endergebnis. Nach einer guten Vorarbeit sollte die Oberfläche glatt sowie staub- und fettfrei sein.

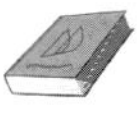

Vor dem Streichen testen wir, ob die Oberfläche gut entfettet ist. Dazu wird die Fläche mit Wasser überspült. Läuft es nicht gleichmäßig ab und bilden sich Tropfen, so muss die Oberfläche erneut entfettet werden.

Wir lackieren weder an zu kalten noch an zu heißen Tagen, denn die Lufttemperatur hat erheblichen Einfluss auf das Ergebnis. Also nehmen wir uns diese Arbeit möglichst bei Windstille und an einem trockenen Tag vor.

Beim Lackieren keine wollene Kleidung tragen, da beim Arbeiten leicht Fussel auf die Lackfläche fallen können.

Damit auch kein aufgewirbelter Staub auf eine frisch lackierte Oberfläche gelangt, decken wir entweder den Boden unter dem Boot vor dem Streichen mit einer Plastikfolie ab oder wir halten den Erdboden feucht. Mit einer Rolle kann wahlweise senkrecht oder waagerecht gerollt werden. Bei mehreren Anstrichen empfiehlt sich, im Kreuzgang zu arbeiten, indem bei jedem Schritt die Rollenrichtung gewechselt wird.

Treten Verunreinigungen beim Lackieren auf, so streichen wir unbeirrt einfach fertig, lassen den Lack trocknen und entfernen diese Stellen dann mit feinstem Schleifpapier oder einem Putzschwamm.

Um auch auf diesen Stellen den Glanz der Umgebung zu erzielen, reicht oft ein wenig Politur oder Wachs aus. Wenn wir mit dem Ergebnis allerdings unzufrieden sind, wird wohl noch ein zusätzlicher Anstrich erforderlich sein.

Nach dem Malen heben wir ein Farbmuster auf, indem wir etwas Farbe auf ein Stückchen Holz oder Papier auftragen. Dieses Muster dient später gut dazu, um beim Nachkauf die passende Farbe zu finden.

Die Deckel von angebrochenen Farbbüchsen werden dicht verschlossen. Damit sich keine Haut auf der Farbe bilden kann, wird die Büchse auf-den-Kopf-gestellt aufgehoben. Vor dem Schließen der Farbrestdosen werden immer Farbton und Menge der Farbe außen auf der Büchse markiert.

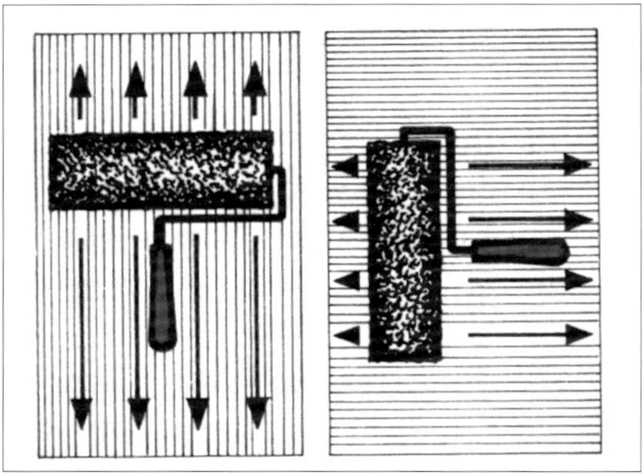

Streichrichtung mit der Rolle

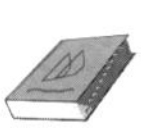

Um die Farbe problemlos in ein anderes Gefäß zu schütten, decken wir den Rand der Dose mit Krepp-Klebeband ab. Nach dem Umgießen wird das Klebeband wieder entfernt. So bleibt der Rand sauber und die Farbdose lässt sich immer noch fest verschließen.

Kleine Reste, die nützlich für kleine Ausbesserungsarbeiten sind, heben wir in kleinen, gut verschließbaren Gläschen oder Flaschen auf.

Für Ausbesserungen von kleinen Kratzern oder Schrammen im Lack eignen sich Ohrreiniger. Zudem entfällt das lästige Pinsel-Auswaschen.

Nach erfolgreicher Lackierung der Außenhaut und Aushärten des Lackes sollten wir auch diese Oberfläche versiegeln, wie es bei der Pflege der Gelcoat-Außenhaut beschrieben ist. Dazu wird mit einem Baumwolllappen das Wachs aufgetragen und mit einem weichen neuen Lappen unter leichtem Druck blank poliert. Diese Prozedur kann bei Bedarf während der Saison wiederholt werden, um einen besseren Langzeitschutz zu erreichen.

Reichte die Zeit für einen Neuanstrich nicht und sieht der alte Lack etwas stumpf aus, so können wir uns stattdessen mit einem silikonfreien Wachs für eine weitere Saison problemlos helfen.

Bevor die Wachsschicht aufgetragen wird, sollte die Fläche gründlich mit warmem Seifenwasser gereinigt und mit frischem Wasser abgespült werden, wie dies bereits im Kapitel »Frühjahrsputz für GFK-Boote« beschrieben wurde. Flecken und starke Verunreinigungen können mit einem Poliermittel sanft entfernt werden.

Farbwahl des Bootsrumpfes

Ein hohes Freibord und sehr hohe Decksaufbauten lassen sich mit Farbstreifen an Rumpf und Aufbauten kaschieren, damit unser Boot eleganter erscheint. Dazu reichen oft schon ein hochgesetzter Wasserpass oder ein farblicher Kontrast in Scheuerleistenhöhe aus.
Falls wir den Rumpf oder die Aufbauten jedoch streichen, sollten wir zuvor überlegen, wie wir unser Boot auffrischen. Das Malen einer Farbprobe auf Papier ist einfach und schnell gemacht, und wir können am besten einen Eindruck gewinnen, ob uns unsere geplante Farbgestaltung auch wirklich gefällt. Folgende optische Effekte sollten wir grundsätzlich beachten:

Das Boot erscheint schlanker und größer, wenn eine weiße Außenhaut über einem dunklen Unterwasserschiff liegt. Die dunklen Aufbauseiten und der dunkle Zierstrich verstärken noch den Eindruck eines sehr langen Bootes.

Geben wir dem Bootsrumpf dagegen bei gleichem dunklen Unterwasserschiff einen dunklen Farbanstrich, der nur durch einen weißen Wasserpass getrennt ist, wirkt das Boot kompakter und klobiger. Die hellen Kajütseitenwände unterstreichen noch den Eindruck eines hohen Freibordes.

Eine schwarze Außenhaut bei gleichzeitig weißem Unterwasserschiff macht ein Boot nicht nur schlank, sondern ein heller Zierstrich gibt ihm noch eine gewisse Eleganz, weil die lange Fläche noch einmal unterteilt ist. Der gleiche Eindruck wird noch einmal durch ein dunkles Kajütdeck bei gleichzeitig hellen Kajütseitenwänden auch auf dem Oberdeck erzeugt.

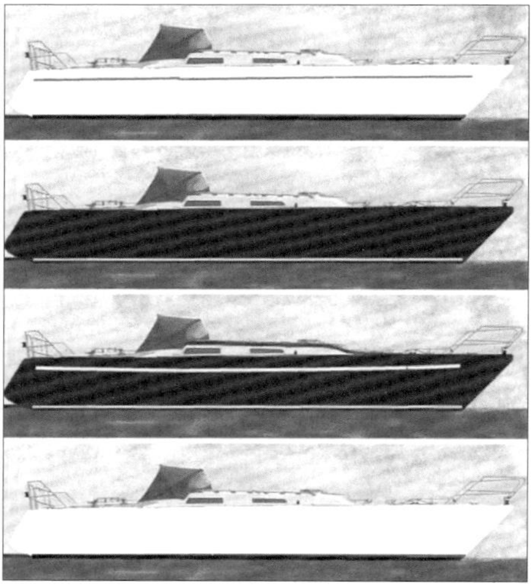

Farbgestaltung unseres Bootes

Mit einem dunklen Unterwasserschiff bei einem gleichzeitigen Streifen in Höhe des Schandecks wirkt die Freibordhöhe niedriger, und der Sprung wird betont. Dunkle Kajütseitenwände in Verbindung mit einem hellen Kajütdach lassen den Kajütaufbau zudem steif und hoch erscheinen.
Der Freibord wirkt niedriger und der Sprung ist noch mehr betont, wenn über einem dunklen Unter- und Überwasserschiff ein breiter weißer Streifen gemalt ist. Farbenfreudige malen den Streifen auch rot oder hellgrün. Die dunklen Seitenwände des Kajütaufbaus betonen nicht nur den breiten weißen Deckstrich, der Aufbau wirkt hoch und groß.

Bei besonders hochbordigen Rümpfen kann der Freibord optisch verkleinert werden, indem der Wasserpass einige Zentimeter oberhalb der Schwimmwasserlinie gezogen wird.

Bleiben Überwasserschiff und Kajütaufbau weiß, wirkt das Boot unpersönlich und langweilig. Daran ändert auch der farbige Wasserpass über dem dunklen Unterwasserschiff nichts. Dem Boot fehlt die persönliche Note.

Übrigens können passende Namensschilder oder schöne Schriftzüge zum Aufkleben das Aussehen einer Yacht verbessern oder die Schönheit und Eleganz wirkungsvoll unterstreichen. Ändert sich der Bootsname oder der Heimathafen, so werden die Klebebuchstaben einfach abgelöst und ein neuer Name aufgeklebt.

Mit einer Heißluftpistole vorsichtig die Buchstaben erwärmen, damit sie sich mühelos ohne Rückstände ablösen lassen.

Wasserpass

Ein Wasserpass hat neben der optischen Trennung von Über- und Unterwasseranstrich auch die Aufgabe, Schmutzränder im Niveau der Wasseroberfläche zu kaschieren. Meistens wird einfach nur der alte Wasserpass während der Frühjahrsüberholung nachgemalt, der aber eigentlich nicht mehr ganz mit der Realität übereinstimmt. Das Eigengewicht der Ausrüstung verändert sich im Laufe des Bordlebens sichtbar – nicht nur der Skipper und sin Fru werden gewichtiger –, weil wir zusätzliche Geräte anschafften und vielleicht auch beispielsweise einen Fäkalientank einbauten.

Um die wahre Wasserlinie festzustellen, nutzen wir einen windstillen Tag im Hafen oder der Ankerbucht und markieren mit einem Stift die Höhe des Wassers.

Das Boot sollte dazu segelklar und alle Ausrüstungsgegenstände an ihrem zugeordneten Platz verstaut sein. An Land können wir dann später diese Punkte ausstraken und die obere Begrenzung des Wasserpasses festlegen, die wir etwa 3 bis 5 cm höher als markiert setzen. Das hat den Vorteil, dass die Unterwasserfarbe über die Wasserlinie reicht und in dem Bereich einfacher sauber zu halten ist.
Nachdem wir unser Unterwasserschiff gestrichen haben, malen wir den Wasserpass mit einer speziellen Wasserpassfarbe. Natürlich lässt sich der Wasserpass auch mit selbstklebendem Tape gestalten, aber ein selbst ge-

malter Streifen wird optisch einen besseren Eindruck erwecken und die wunderschöne Wasserlinie unseres Bootes unterstreichen.
Da eine ruhige Hand zum Ziehen einer geraden Wasserlinie nicht ausreicht, kleben wir fürs Streichen entlang des Bootes Tape oberhalb und unterhalb des zu malenden Bereiches. Hierbei sollten wir mit dem Auge kontrollieren, ob die Linie gut ausgestrakt ist, denn kleine Korrekturen können wir jetzt noch leicht vornehmen. Mit Nitroverdünnung reiben wir die Fläche gründlich ab, damit die Farbe gut haftet. Dann wird mit einer Rolle oder Pinsel die Wasserpassfarbe aufgetragen. Ist genügend Farbe vorhanden, sollten gleich zwei Anstriche hintereinander durchgeführt werden. Anschließend wird das Klebeband in leichtem Winkel zur gemalten Fläche zügig abgezogen.

Vorbereitung zum Abslippen

Haben wir bereits im Herbst alles gründlich inspiziert und alles Unzulängliche bereits repariert, überholt und gereinigt, reicht jetzt ein kleiner Check aller Ausrüstungsgegenstände an Deck und unter Deck. Wurden alle auseinander gebauten, demontierten oder zerlegten Teile wieder sachgemäß zusammengefügt? Sind die Batterien geladen? Sind die Verschlüsse und Scharniere der Luken gangbar? Dann können wir slippen und das Boot wieder seinem Element übergeben.
Erfolgte im Herbst die Einwinterung sehr flüchtig, so sollten wir zu unserer eigenen Sicherheit die Zeit zwischen Winterlager und Saison nutzen und alles gründlich kontrollieren. Was wir jetzt an Schwächen oder Vorwarnungen erkennen, können wir noch beheben und es erspart uns unnötige Mühen während der kostbaren Stunden in der Saison oder im Sommerurlaub. Für einen systematischen Frühjahrscheck ist im Anhang eine Tabelle als Prüfliste zur Übersicht angefügt, deren Punkte konsequent abgehakt werden sollten.

An Deck

Blöcke, Schotschienen, Rollen, Fallenstopper und Winschen inspizieren wir auf Gängigkeit, Verschmutzung und Korrosion. Gegebenenfalls müssen

diese gesäubert, getrocknet und gefettet werden. An allen Beschlägen auf Deck, insbesondere an den Relingsstützen, werden die Befestigungen geprüft. Die Befestigungsbolzen gehen meistens durch das Deck und sollen kein Wasser ins Innere gelangen lassen. Deshalb auch kontrollieren, ob diese dicht sind. Sehen die Dichtungen oder die Dichtmasse brüchig aus, sollten wir besser den Beschlag abbauen, die Dichtmasse erneuern und neu montieren.
Seerelingsdurchzüge setzen wir straff durch, damit sie im Seegang nicht hin- und herschwingen. Die Endbeschläge der Durchzüge prüfen wir auf Risse. Oft ist auch die Ummantelung der Relingsdrähte an den Stützenführungen durchgescheuert. Wir sollten sie langfristig erneuern – eine Arbeit für den Sommer, die wir am besten gleich vormerken!
Auch wenn wir nicht häufig ankern, sollte unser komplettes Ankergeschirr einschließlich Ankerwinsch und Kettenkasten voll funktionstüchtig sein. Der Entwässerung des Ankerkastens wird von Dreck und Schmutz frei gemacht, die Ankerwinsch wird gefettet und die Kabelanschlüsse einer elektrischen Winsch werden begutachtet. Die Ankerrolle sollte rollen – wenn nicht, hilft hier oft schon ein Tropfen Öl. Ankerwirbel werden sorgfältig betrachtet, da Schäden am Bolzen nicht gleich auffallen. Die Kettenglieder aufmerksam auf Roststellen durchsehen. Auch prüfen wir die Befestigung des Kettenendes mit dem Schiff, die zwar gut festsitzen, sich aber auch im Notfall lösen sollte.

Kontrolle der Ruderanlage

Die Ruderanlage bewegen wir vor dem Slippen kräftig, um die Funktionstüchtigkeit festzustellen. Am besten können wir das Ruderspiel und die Hydraulik kontrollieren, indem von außen am Ruder gegengedrückt wird. Wackelt das Ruder mit, sind die Lager oder Scharniere ausgeleiert und müssen ersetzt werden. Bei Hydraulikanlagen mit Sperrblöcken lässt sich das Ruder nicht bewegen, aber ansonsten sollte es beweglich und leichtgängig sein. Wenn nicht, stimmt die Ausrichtung zwischen dem oberen und unteren Lager nicht. Da hilft in der Regel nur, das Ruder auszuhängen oder nach unten zu ziehen und neu auszurichten.

Bei vielen Booten gibt es Schwierigkeiten mit leckenden Ruderkokern. Segler, die lange Distanzen segeln und bei denen eine Selbststeueranlage das Ruder oft wochenlang bedient, klagen über diese Schwachstelle. Die Ursachen können, abhängig von Art der Buchsen, Abdichtung des Kokers und Konstruktion der Lager, vielfältig sein. Als einfachste Maßnahme empfiehlt sich die Klärung folgender Fragen: Sind überhaupt Schmiernippel vorhanden? Werden sie tatsächlich mit der Fettpresse bedient? Sind sie durchgängig und werden die Nippel selbst nicht von verharztem Fett verstopft? Wird zum Schmieren ein seewasserbeständiges Fett benutzt?
Bei hydraulischen Ruderanlagen prüfen wir die Anschlüsse am Hydraulikzylinder. Stellen wir ölige Stellen fest, so verliert unser System Öl. Also werden wir die Leckage beseitigen und Öl nachfüllen müssen.

Seeventile

Seeventile werden vor dem Slippen geschlossen. Später im Wasser öffnen wir eines nach dem anderen, um die Schlauchschellen und die Schläuche auf Dichtigkeit zu kontrollieren.
Seeventile mit Drehspindeln haben sich nicht bewährt. Werden die Handräder einige Wochen nicht bewegt und wurde der Dichtkeil besonders fest eingedreht, dann löst sich das Handrad von der im Feuchtbereich unvermeidlich korrodierten Spindel, und es muss anstelle des abgedrehten Handrades mit Schlüsseln und Zangen gearbeitet werden, um ein geschlossenes Ventil zu öffnen. Klemmt der Dichtkeil in geöffneter Stellung und schert das Handrad beim Zudrehen ab, kann es im Notfall zu unangenehmen oder sogar gefährlichen, nicht absperrbaren Wasserdurchlässen kommen. Wir haben stattdessen überall Kugelventile mit Hebelverschlüssen installiert, die als Schnellschlussschieber zuverlässiger wirken.

Borddurchlässe

Alternde Borddurchlässe wie Stevenrohr, Geber von Log und Lot, Ruderkoker oder Wasserabflüsse können im Laufe der Zeit zu Leckagen führen. Vor allem durchgesteckte Messingfittings können entzinken, und zurück bleibt ein sprödes, nicht sehr festes Kupferteil. Besonders im Bereich des

Gewindes kann es zur Entzinkung und dadurch zum Bruch kommen. Wenn dann noch Farbveränderungen des Messingfittings in Richtung Rot auftreten, was eine starke Materialermüdung indiziert, sollten wir es durch Bronze ersetzen. Praktisch sind im Unterwasserbereich Borddurchlässe aus Kunststoff, da sie korrosionsbeständig und robust sind. Bedenken gibt es nur, wenn wir Extremsegelei wie Segeln im Eisgang oder auf steinigen Flachrevieren betreiben – im Eisgang oder bei Grundberührungen können sie auseinander platzen oder beschädigt werden, was ein Leck zur Folge hat. Verzinkte Rohrfittings werden wir nicht in einen Stahlrumpf einschweißen, da sie stark anfällig für Korrosion sind. Dort verwenden wir seewasserbeständige Durchlässe aus dem Werkstoff 1.4571, 1.4462 oder 1.4401.

Schlauchanschlüsse an Borddurchlässen sichern wir mit zwei Schlauchschellen aus nicht rostendem Material.

Propeller und Welle

Wir prüfen, ob die Propellermutter am Wellenende fest sitzt und die Zinkanode auf der Mutter noch ausreichend vorhanden ist. Falls weniger als 60 % übrig ist, tauschen wir sie aus. Kleine Kerben an den Flügelkanten oder oberflächliche Schäden am Propeller können wir leicht mit einer Feile selber glätten. Sind verbogene Flügel oder größere Schäden vorhanden, muss der Propeller in die Werkstatt. Den Faltpropeller säubern wir gründlich und achten auf eine funktionierende Verzahnung der beiden Flügel miteinander. Leichtgängigkeit wird mit einem hochwertigen Winschenfett für die ganze Saison sichergestellt.

Um Bewuchs vom Propeller fernzuhalten, polieren wir ihn auf Hochglanz oder sprühen ihn mit einem speziellen Hartantifouling für Propeller ein.

Das Lagerspiel zwischen Welle und wassergeschmiertem Gummi-Sternlager darf nicht mehr als einige zehntel Millimeter betragen. Auch darf sich die Welle in Längsschiffsrichtung nicht merklich verschieben lassen. Ist dies der Fall, die Kupplung zwischen Motor und Welle prüfen und gegebenenfalls die Klemmschrauben nachziehen.

Die Stopfbuchse im Inneren des Bootes bildet eine wasserdichte Manschette für die Antriebswelle. Diese kann verschieden ausgeführt sein:

- Stopfbuchse mit Dichtringen
  Wir prüfen die Stellung der Muttern auf den Stellbolzen. Stehen diese am Anschlag und tritt langsam Wasser ein, müssen wir die Dichtringe – auch Packung genannt – austauschen. Hierzu öffnen wir die Stopfbuchse durch Abschrauben der Muttern und Entfernen des Innenteils. Die alten Dichtringe werden entfernt und ein neuer Packungsring eingelegt. Anschließend wird das Innenteil wieder montiert und die Schrauben von der Stopfbuchse angezogen. Wir achten darauf, dass sich die Welle noch von Hand drehen lässt. Ist die Stopfbuchse zu fest angezogen, kann sich die Gummimuffe lösen oder reißen, was beim schwimmenden Boot zum unkontrollierten Wassereinbruch führt.

- Stopfbuchse mit Gleitringdichtung
  Diese sind im Wesentlichen wartungsfrei. Gleitringdichtungen werden ausgetauscht, wenn sie durch Wasserverunreinigungen verschlissen sind und damit undicht werden oder der Spalt zwischen rotierendem und feststehendem Gummibalg den zulässigen Abstand unterschreitet. Letzteres kann nach einem Betrieb von etwa 5 Jahren eintreten.

- Stopfbuchse mit Radialwellendichtungen und Ölschmierung
  Die Notwendigkeit des Austausches kündigt sich oft durch Austreten einer Wasser-Öl-Emulsion aus dem Stevenrohr beim Aufslippen an. Wir unterbrechen die Ölzufuhr und demontieren die Stopfbuchse von Stevenrohr und Welle. Anschließend wird der Metallkörper geöffnet und die alten Radialwellendichtringe durch neue ersetzt.

Kathodischer Schutz mit Opferanoden

Unterschiedliche Metalle in oder an der Außenhaut dürfen im Boot nicht ohne Isolierung miteinander verbunden werden, da sonst die galvanischen Ströme zur elektrolytischen Korrosion führen können. Sorgfältige Installation und die richtige Metalllegierung sorgen für einen ausreichenden Schutz der

Metallteile unter Wasser vor dem zerstörenden elektrolytischen Vorgang. Eine Anode muss 100%ig opfern – deshalb wird sie Opferanode genannt –, um den Schutz unseres Bootes sicherzustellen.
Einen effektiven Schutz erzielen wir nur, wenn Anoden der richtigen Größe und der entsprechenden Anzahl richtig montiert werden. Wir prüfen die angebrachten Zinkanoden. Durch das Benutzen kupferhaltiger Unterwasseranstriche werden Zinkanoden rasch weggefressen, aber auch das Liegen neben solch einem behandelten Boot führt dazu. Die Oberfläche der Zinkanoden sollten metallisch blank oder grau sein. Bräunliche Verfärbungen bei schwammiger Oberfläche deuten auf das Ende der Anode hin. Alle Kontaktpunkte sollten frei von Farbe und Fett sein.
Im Fachhandel gibt es serienmäßig hergestellte Zinkanoden unterschiedlicher Formen und Größe, die den Anforderungen entsprechen und aus 99,995 % reinem Zink hergestellt sind. Sie müssen sich an ihrem montierten Platz ständig unter Wasser befinden. Die Anoden werden in Längsrichtung am Schiff angebracht. Dabei ist möglichst ein ständig fehlerfreier Kontakt zwischen der Anode und dem Teil, das geschützt werden soll, herzustellen.
Die Abbildungen zeigen den richtigen kathodischen Schutz von Stevenrohr und Ruderbeschlag auf einem Kunststoffboot, bei einem Stahlruder mit Eisenkiel und Kielschiene sowie die Befestigung einer Wellenanode.

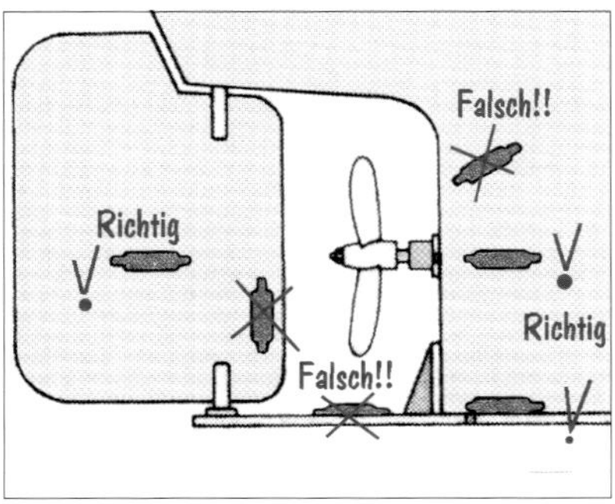

Opferanoden

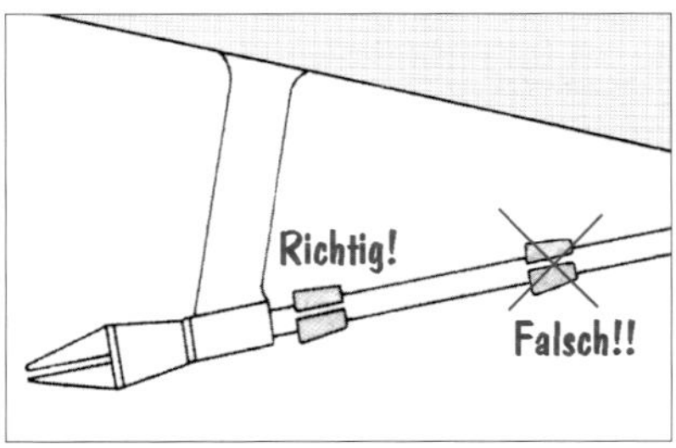

Wellenanode

Ist die Ausrüstung überprüft?

Tauwerk und Leinen

Unsere Festmacher und sonstige Leinen wie Schlepptrossen, Wurfleine oder ähnliches sollten vorhanden und in einem einwandfreien Zustand sein. Stellen wir Aushärtungen, Schamfilstellen oder gebrochene Kardeele fest, sorgen wir besser für Ersatz. Die kritischen Stellen des Schamfilens liegen oft an Bord selber und meistens dort, wo die Leine vom Bord aus ins Freie führt.

Beim Überprüfen des Zustands von Tauwerk und Leinen kontrollieren wir, ob Anzahl und Längen des an Bord befindlichen Tauwerks mit unserer Schiffsgröße und dem Fahrtbereich ausreichend bemessen sind.

Die Länge der Festmacher sollte mindestens einer Schiffslänge entsprechen, besser noch dem Anderthalbfachen der Schiffslänge, und wir benötigen davon vier – zwei für Steuerbord und zwei für Backbord. Einen guten seemännischen Eindruck macht auch, wenn die Enden aller an Bord befindlichen Leinen ordentlich betakelt sind, sodass keine Kuhschwänze entstehen. Bei den heutigen Chemiefasern lassen sich mithilfe eines Feuerzeuges oder Kerzenlichtes die Kardeele und Garne natürlich auch durch Verschmelzen rasch versiegeln.

Um sich nicht die Finger zu verbrennen, haben wir ein kleines Holzbrettchen an Bord, auf dem wir die über der Flamme erwärmten Enden durch Entlangziehen und Drücken in die richtige Form bringen.

Tauwerkschmelze

Schöner, und bei dickerem Tauwerk empfehlenswert, sehen natürlich richtige, aus Takelgarn an den Tauwerksenden aufgesetzte Takelinge aus.

Fender

Fender aus PVC erweisen sich an einem Liegeplatz als optimales Schutzpolster zwischen unserer Bordwand und allem, was sie beschädigen könnte. Richtige Wirkung erzielen wir natürlich nur, wenn die Fender prall gefüllt sind. Allerdings neigen die Fenderoberflächen zu rascher Verschmutzung und durch UV-Strahlung werden sie klebrig. Manche schwören deshalb auf Überzüge aus dehnbarem Netzmaterial, meist aus Polyester. Sie schützen die Fender zwar vor Verschmutzungen und Kratzern und verhindern eine schnelle Alterung, aber es setzt sich ferner Sand und Salz in dem Gewebe fest, was auf unsere Bordwand wie feines Schleifpapier wirkt. Besser ist eine regelmäßige Pflege der Fender mit einem guten Fenderputzmittel. Mit einer anschließend aufgebrachten Wachsschicht zur Versiegelung wird der Fender zwar gebraucht aussehen, aber seinen Zweck voll erfüllen.

Gegen quietschende Fender in vollen Häfen während des Sommertörns hilft ein an der entsprechenden Stelle aufgetragener Tropfen Spülmittel (auch Gleitspray ist geeignet).

Lenzpumpen

Lenzpumpen sind nur dann sinnvoll, wenn sie auch funktionieren. Manuelle Pumpen können wir testen, indem wir Wasser in die Bilge gießen und dann wieder herauspumpen. Wichtig ist ebenfalls, dass der Ansaugschlauch frei von jeglichem Dreck oder Feststoffen ist. Abhilfe schafft, wenn am Ende des Ansaugschlauches an der tiefsten Stelle der Bilge ein Schmutzsieb – eventuell sogar mit einem Rückschlagventil – aufgesetzt wird.

Behelfsmäßig kann ein Stück Gaze dienen, das am Ende des Schlauches übergestülpt und festgebändselt wird.

Bei elektrischen Pumpen passen wir auf, dass sie nicht trocken laufen und damit die Dichtung an der Pumpenwelle undicht oder bei Impellerpumpen der Impeller beschädigt wird. Lenzpumpen, die durch den Keilriemen des Motors angetrieben werden, prüfen wir auf Keilriemenspannung, Verschraubungen des Pumpendeckels und festen Sitz der Anschlüsse.

Kocher und Heizung

Ist unser Boot mit einer Flüssiggasanlage zum Kochen und Heizen ausgerüstet, gilt dieser unser besonderes Augenmerk. Da Flüssiggas rasch entflammbar und schwerer als Luft und daher der Einsatz an Bord nicht ganz ungefährlich ist, checken wir die Anlage auf Scheuerstellen und kontrollieren Verschraubungen und Druckregler sehr sorgfältig auf Korrosionsstellen. Wir prüfen, ob das Lenzrohr für den Gasabfluss im Gasflaschenkasten frei ist. Mit Lecksuchschaum prüfen wir unter Druck die Dichtigkeit aller Verbindungen. Auch die Zündsicherung wird getestet. Dazu pusten wir eine kleine Flamme aus und beobachten, ob sich der Gasfluss selbsttätig abregelt. Ein erneutes Anzünden der Flamme sollte nun nur möglich sein, wenn der Reglerkopf beim Anzünden kurze Zeit eingedrückt wird. Stellen wir Mängel fest, sollten wir unbedingt einen Fachmann zurate ziehen und defekte Geräte und Teile ersetzen.
Um die Korrosion bei der Gasanlage möglichst zu vermeiden, installieren wir einen rostfreien Druckregler mit Manometer. Mit dem Manometer können wir außerdem die Dichtigkeit unserer Anlage zuverlässig überprüfen. Dazu drehen wir die Verbraucher zu und öffnen kurzzeitig die Gasflasche. Das Manometer zeigt nun den Druck in den Leitungen an. Wird nach einer gewissen Zeit immer noch der gleiche Gasdruck angezeigt, können wir sicher sein, das alle Leitungen dicht sind. Zeigt das Manometer einen Druckverlust oder womöglich gar keinen Druck mehr an, wird das Flaschenventil wieder aufgedreht und alle Verbindungsstellen und Verschraubungen werden mit Lecksuchspray eingesprüht. Dort, wo sich dann Blasen zeigen, ist das Leck in unserer Gasanlage. Manchmal reicht dann ein Nachziehen der Verschraubungen. Wenn nicht, sollten wir umgehend das Teil erneuern oder einen Fachmann heranlassen.
Die Wartungsanforderungen an einen Petroleumkocher sind minimal. Bei den heutigen Geräten sind Reinigungsnadeln zum Sauber-Halten der Brennerdüsen installiert. Sollte ein Brenner trotz dieser regelmäßigen Reinigung

und nach dem Auswechseln der Düse schlecht funktionieren, ist der Einsatz eines neuen Brenners fällig.

Weitere Ausrüstungsgegenstände

Zur Ausrüstung eines Bootes gehören ebenso Sicherheitsausrüstungen wie Rettungswesten, Rettungsinsel und Feuerlöscher, die wir bei der Überprüfung keinesfalls vergessen sollten. Wir vergewissern uns, ob das Verfallsdatum noch nicht erreicht ist und die Wartungsintervalle eingehalten wurden. Wasserdichte Verpackungen sollten unbeschädigt sein. An den Sicherheitsgurten überprüfen wir die Nähte und Leinen, ebenso die Karabinerhaken auf Leichtgängigkeit.
Auf See ist der nächste Arzt oft weit. Deshalb muss der Inhalt unserer Bordapotheke auf Vollständigkeit und Verfallsdatum überprüft werden. Entsprechend des geplanten Törns stellen wir die Medikamente und Instrumente gemeinsam mit unserem Hausarzt zusammen, wobei extra die speziell für uns benötigten Mittel zugefügt werden.
Die Nationale und der Clubstander sowie die Gastlandsflaggen aller Länder, die wir während eines Törns anzulaufen beabsichtigen, sollten vorhanden und die Farbe und Nähte ordentlich sein.

Um das rasche Auswehen von Flaggen hinauszuzögern, können die Ränder entlang der Nähte mit einem transparenten Kleber (Pattex) beidseitig bestrichen werden.

Auswintern des Motors

Haben wir bereits im Herbst an unserer Motorenanlage alles gewartet und gepflegt und den Ölwechsel erledigt, bleiben zur Indienststellung nur noch einige Handgriffe.
Zunächst bauen wir den neuen Impeller der Seewasserpumpe ein, wobei zudem die dünne Deckeldichtung erneuert werden sollte.
Nach der Montage spannen wir die Keilriemen, ziehen alle Befestigungs-

schrauben nach und überprüfen alle Schlauchschellen. Zuletzt kontrollieren wir noch den Ölstand.

Die wichtigsten Seiten der Wartungs- und Betriebsanleitung unseres Motors und das Werkstatthandbuch haben wir immer an Bord. Ersatzteillisten mit Bestellnummern und Skizzen sparen Zeit und Mühe bei der Bestellung.

Außerdem ist es ratsam, vor Beginn der Saison die für die Motorenanlage wichtigsten Ersatzteile nachzukaufen – und zwar die Originalteile. Selbst bei sorgfältiger Pflege kann es vorkommen, dass wir während eines Törns einen Ersatz benötigen, und so haben wir im Bedarfsfall Reserve an Bord. Wesentliche Teile sind: Ölfilter, Kraftstofffilter-Einsatz, Dichtung für den Kraftstofffilter, Impeller und Dichtring für die Seewasserpumpe, Keilriemen für Lichtmaschine und Wasserpumpe und Ventildeckendichtung. Ferner sind zum Nachfüllen eine Flasche Motorenöl und bei einer Zweikreiskühlung eine Flasche Frostschutzmittel angebracht.
Zur jährlichen Wartung der Batterien gehört auch, die Polklemmen abzunehmen, sauber zu machen und anschließend mit einem säurefreien Fett zu konservieren. Achtung, die Pole der Gel-Batterien werden nicht gefettet, weil der Übergangswiderstand dadurch erhöht wird und der korrosionsauslösende Säurenebel ohnehin nicht entstehen kann. Zum Schluss werden die Kugelgelenke der Schaltung gefettet und die Schrauben der Seilzüge angezogen.

Hurra, wir slippen!

Nun kommt der Tag! Was wir jetzt noch an reparaturbedürftigen Stellen entdecken, hat gewiss Zeit bis zum nächsten Winterlager.
Bevor wir das Boot ins Wasser setzen, sichern wir an Bord alles, damit aus den Schapps nichts herausfallen kann oder Gegenstände umfallen können. An Deck liegen nur die Gegenstände, die wir unbedingt jetzt benötigen. Dazu gehören die an beiden Rumpfseiten angehängten Fender, an Bug und Heck jeweils eine angeschlagene lange Leine, die sowohl beim Kranen zum Posi-

tionieren des Bootes als auch zum raschen Festmachen benötigt werden. Den Motor halten wir startklar – und dazu brauchen wir den Motorschlüssel! Wir vergessen natürlich nicht, den Hauptschalter einzuschalten.
Um unser für die Saison so gut vorbereitetes und glänzendes Boot nicht gleich am ersten Tag zu sehr zu verdrecken, legen wir an Deck Fußmatten oder Scheuerlappen bereit.
An Land haben wir noch einen kleinen Farbrest der Unterwasserfarbe vorrätig, um nach dem ersten Anheben des Bootes die vom Lagerbock verdeckten Stellen am Unterwasserschiff streichen zu können. Da der Slippvorgang oft rasch erfolgt, ist es natürlich besser, bereits noch auf dem Winterstellplatz diese Stellen zu bearbeiten, indem wir kurzfristig eine Stütze nach der anderen durch ein provisorisches Pallholz ersetzen.
Haben andere Skipper erst kurz vor dem Wassern ihr Unterwasserschiff gestrichen, so kann Farbe an den Gurten kleben, die unsere gut polierte weiße Außenhaut beschmiert – also aufpassen! Teppichstreifen können helfen, den Rumpf vor verschmutzten und scheuernden Gurten zu schützen. Falls doch Verschmutzungen auftreten, werden diese mit wenig Politur entfernt. Dieses sollten wir gleich tun, bevor Farbe oder Dreck erst richtig haften.
Solange das Boot an Land steht, ist das Finden der richtigen Position der Heißgurte mühelos. Am besten rechtzeitig vor dem Kranen die genaue Position der Heißgurte festgelegen, damit beim Kranen Propellerwelle, Saildrive oder Log nicht beschädigt werden. Hat man einmal Markierungspfeile für das Anbringen der Gurte angebracht, ist das Kranen problemlos.
Sobald das Boot im Wasser ist, verschwinden wir unter Deck und untersuchen alle Rumpfdurchlässe auf Wasserdichtigkeit. Wir prüfen alle Schlauchverbindungen und die Seeventile. Auch die Stopfbuchse und die Kiel- bzw. Schwertbolzen sollten trocken sein. Der Loggeber wird ausgefahren und verschraubt.
Dann die Seeventile öffnen und den Motor starten. Die Ladekontrolllampe muss während des Laufens ausgehen. Sofort beim Probelauf kontrollieren wir den Kühlwasseraustritt auf einen regelmäßigen, aber schubweisen Wasserausstoß am Auspuff. Nach erfolgtem Motorstart vergewissern wir uns, dass alle Schläuche dicht sind, die Schlauchschellen fest sitzen und Welle

und Propeller rund laufen. Die Instrumente für Drehzahl, Öldruck und Temperatur geben die richtige Anzeige. Unter Maschinenlast inspizieren wir zusätzlich die Farbe des Abgases. Einige Sekunden nach dem Stoppen der Maschine ertönt der Öldrucksignalgeber – dann den Betriebsschalter ausschalten! Mit dem Motor können wir nun zufrieden sein.

Indienststellung des Bootes

Überprüfung des Riggs

Jedes Boot hat verletzliche Bereiche, die besonders stark belastet werden. Solange der Mast noch an Deck oder an Land liegt, können wir am besten alle Einzelteile und Beschläge sowie das stehende und laufende Gut überprüfen und warten. Die Verschleißpunkte am Mast sind die Terminals, Wantenspanner und Toggels, die wir auf Haarrisse und Korrosion sehr gründlich inspizieren. Stellen wir Schädigungen fest, tauschen wir das entsprechende Teil aus, denn ein Mast ist nur so stabil wie sein empfindlichstes Befestigungsteil.

Bei den heutigen Riggs bestehen die Endbeschläge der Wanten und Stagen aus verschieden gearteten Walzterminals, die unterschiedliche Anschlussbeschläge am Mast bedingen. So sind Aug- und Gabelterminals zur Befestigung am Mast äußerst stabil und kaum schadensanfällig. Unser Augenmerk gilt jedoch den T-Terminals oder Hakenterminals, die zwar einfach ohne Bolzen und Splinte im Mast zu befestigen, aber überdies recht bruchanfällig sind. Ursache sind die Art der Herstellung, die auftretenden Kräfte während des Einsatzes und das nicht rechtzeitige Erkennen von Haarrissen im Biegebereich der Terminals. Auf jeden Fall sollten wir diesen Bereich sehr sorgfältig auf Deformierungen und Risse inspizieren.

Während wir den Mast reinigen und putzen, können wir ihn gründlichst begutachten. Aluminium ist der Kontaktkorrosion durch die aufgesetzten Beschläge ausgesetzt. Ein Aufblühen an den meist genieteten Verbindungen weist auf Korrosion hin. Setzt sich das Aufblühen über viele Bereiche des Mastes fort, ist es für eine Reparatur oft zu spät. Um so moderner die

Riggs sind, um so weniger sind die Möglichkeiten der Reparatur gegeben. Ältere Riggs sind größtenteils überdimensioniert und damit geringer gefährdet. Zudem wurde oft eine höhere Materialstärke verwendet.
Beim Bau von Holzmasten wurde häufig noch ein Leim benutzt, der nicht ausreichend wasserbeständig war, sodass der Mast in den Leimfugen auseinander platzt. Gelöste Nähte lassen sich durch leichtes Abklopfen des Mastes finden. Im Gegensatz zu Aluminiummasten können Holzmasten restauriert werden.
Stellen wir Korrosion oder ein Aufblühen des Aluminiums fest, sollte den Ursachen nachgegangen werden. Der Grund vieler Schäden ist Salz und Feuchtigkeit, die sich unter dauerhaft mit Tape abgeklebten Beschlägen bildet, oder die durch mangelnde Isolierung voranschreitende Korrosion unterschiedlicher Metalle. Zwischen angeschraubten oder aufgenieteten Beschlägen aus Edelstahl und dem Aluminiummast muss auf jeden Fall eine Isolierung aus einem nicht leitenden Material wie Gummi oder Plastik liegen. Stellen wir im Grenzbereich zwischen Beschlägen und Mast Mängel fest, nehmen wir den Beschlag ab, isolieren neu und montieren ihn wieder. Für Beschädigungen im Eloxal des Aluminiummastes gibt es keine Schnellreparatur, die langfristig den Korrosionsschutz wieder herstellt. Die schad-

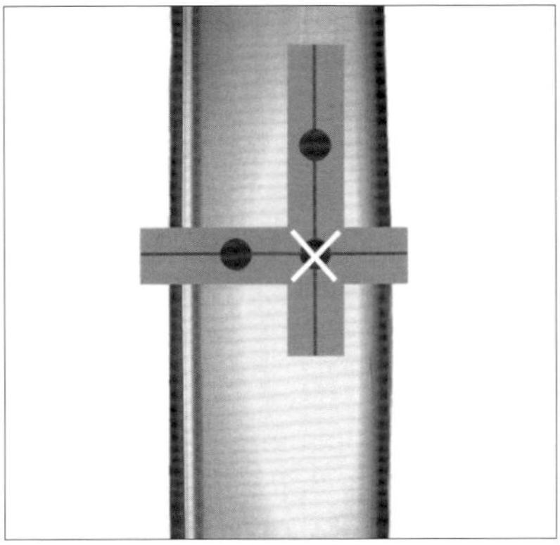

Zusätzliche Bohrungen im Mast

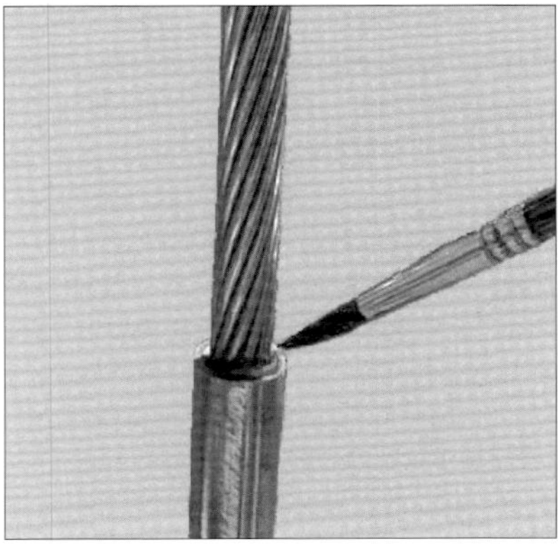

Korrosionsschutz für Terminals

haften Stellen werden gründlich gereinigt und anschließend mit Haftgrund und Lack versiegelt.
Gründlichst untersuchen wir ebenso alle Nieten- und Schraubverbindungen. Falls Nieten wackeln, sollten wir sie durch neue ersetzen. Allerdings bringt jede zusätzliche Bohrung in einen Aluminiummast eine neue Schwachstelle.

Neue Löcher in den Mast nie in derselben Ebene wie die vorhandenen alten Löcher bohren, das gilt sowohl vertikal als auch horizontal.

Sind am Mast Fallwinschen angebracht, kontrollieren wir die Befestigung auf Korrosion in den Bohrungen. Zum Nieten der Winschen an den Mast werden nur Popnieten aus Monel (eine Kupfer-Nickel-Legierung) benutzt. Schraubverbindungen werden mit wenig seewasserbeständigem Fett gängig gehalten. Sicherungssplinte sollten reichlich an Bord vorrätig sein, denn sie gehen beim Aufriggen leicht über Bord und sollten rasch ersetzt werden. Die Rollen der Fallen sollten gut laufen, damit wir später unsere Segel einfacher setzen können. Wanten und Stagen begutachten wir besonders an den Terminals auf korrodierte oder schadhafte Kardeele.

Korrosion in den unteren Terminals wird verhindert, wenn wir mittels eines kleinen Pinsels ein wenig Bootslack von oben entlang der Kardeele in die Terminals laufen lassen. So kann kein Wasser dort entlang laufen oder gar stehen bleiben.

Die Gewinde der Wantenspanner schmieren wir mit Fett. Salinge werden in den Mastbeschlag eingesetzt und die Salingnocken mit Tape bekleidet, falls nicht bereits Plastikabweiser angebracht sind.

Zum Abtapen gibt es ein selbstverschweißendes Spezialklebeband (Rigging Tape), welches wasserfest ist und keine Klebereste hinterlässt.

Unser nichtrostendes Drahttauwerk ist sehr widerstandsfähig, und die neuen Patentspleiße lassen keine Drahtenden mehr herausgucken, an denen wir uns – wie an Fleischhaken – blutige Finger holen können. Wenn sich aber doch solche Fleischhaken zeigen, ist das Drahttauwerk hier überlastet gewesen, Kardeele sind gebrochen, und die Festigkeit ist an diesen

Stellen vermindert. Solche kritischen Stellen sind die Drahtfallen in den Bereichen der Fallscheiben (für Großsegel, Fock und Spinnaker), die Fallen im Übergangsbereich zwischen Tauwerk und Drahtvorlauf und die Kauschen der Stagen und Wanten. Zwei oder drei dieser »heißen Enden« sollten als Signal gewertet werden, diesen Stellen künftig besondere Aufmerksamkeit zu schenken. Notdürftig können wir es mit Garn oder Tape betakeln. Mehr Fleischhaken, vor allem über eine größere Strecke, zwingen zum Ausmustern und zum Ersetzen dieses Teils des stehenden oder laufenden Gutes.

Im Tauwerk werden Markierungen angebracht, wie hoch die Fallen gezogen werden können, um ein Schamfilen des Spleißes an den Fallscheiben im Mast zu vermeiden. Wenn Fallen ins Cockpit umgelenkt werden, sollten wir sie zusätzlich noch dort markieren.

Eloxiertes Aluminium benötigt normalerweise keinen weiteren Schutz gegen Witterungseinflüsse. Wir reinigen es nur mit mildem Seifenwasser oder einer speziellen Aluminiumpolitur, die die Eloxalschicht nicht angreift. Möchte man ein wenig mehr tun, und das sollten Eigner von lackierten Masten tun, wird zum dauerhaften Schutz eine Wachsschicht aufgebracht.

Wantenspanner sichern

Unter dem Profil der Schot- und Travellerschienen setzt sich im Winterlager viel Dreck fest, sodass der Wagen schwergängig ist. Mit einer schmalen Bürste lässt sich der grobe Dreck und Sand gut wegbürsten.

Auch eine ausgediente Zahnbürste eignet sich für Putz- und Reinigungsarbeiten an schlecht zugänglichen Stellen hervorragend. Also alte Zahnbürsten nicht gleich beseitigen!

Hebelklemmen für die verschiedenen Fallen, die die Arbeit an Bord wesentlich erleichtern, sollten wir mit einem wasserfesten Schreiber oder mit selbstklebendem Schriftband mit Namen bezeichnen, damit auch neue Mitsegler rasch und richtig zupacken können.
Direkt vor dem Maststellen montieren wir die Windex und kontrollieren die Mastleuchten und die Kabeldurchführungen. Obendrein sollte die Antennenhalterung fest sitzen.

Setzen und Verstagen des Mastes

Das Maststellen erfolgt in umgekehrter Reihenfolge, wie er gelegt wurde. Allerdings müssen wir beim Stellen sehr viel sorgfältiger als beim Legen vorgehen. Alle Wanten und Stage müssen am Mast befestigt sein und richtig liegen. Also nochmals kontrollieren, ob wirklich kein Want oder Fall über die Saling verläuft. Die Achterstagen können wir bereits jetzt in den Püttingen befestigen, falls wir nicht einen Mastkran benutzen. Das laufende Gut muss in der richtigen Richtung durch die Blöcke geschoren sein. Wanten und Tauwerk bändseln wir am Mast unten locker fest, sodass wir sie rasch lösen können, wenn der Mast steht.
Sind wir mit der Durchsicht zufrieden und überzeugt, dass unser Rigg saisonbereit ist, wird der Mast gestellt, richtig ausgerichtet und die Wantenspanner nachgespannt und gesichert. Zum Maststellen benutzen wir natürlich die gleichen Einrichtungen, die uns auch beim Legen des Mastes halfen. Wenn der Mast steht, setzen wir zuerst die Oberwanten durch. Straff, aber nicht so steif, dass sich der Mast durch diesen Stauchdruck verbiegen kann. Die Oberwanten sollen den Top mittschiffs zentrieren. Peilen wir an der Mastnut nach oben, können wir genau kontrollieren, ob der Mast gerade steht.

Anschließend setzen wir Vorstag und Achterstag durch. Jetzt darf der Mast nicht seitlich wegsacken. Normalerweise soll ein Mast gerade stehen. Ob er mit Fall nach vorn oder achtern getrimmt sein muss, hängt von den gewünschten Segeleigenschaften ab. Bei gutem Trimm sollte der Mast ein Fall von 1 bis 4 Grad nach achtern haben; Fahrtenriggs stehen eher gerade mit weniger Fall. Mehr Mastfall macht das Boot luvgieriger, weil der Segeldruckpunkt gegenüber dem Lateraldruckpunkt nach achtern auswandert.
Dann kommen die Unterwanten an die Reihe, die Unterwantenpaare, das Fockstag bei kuttergetakelten Booten oder das Babystag als zweites Vorstag bei einer Slup, das den Mast nach vorn hält, wenn nur je ein Unterwant von der Saling nach schräg achtern führt. Die vorderen Unterwanten sorgen für die Mastbiegung nach vorne und verhindern, das sich der Mast in der Mitte nach achtern biegen kann. Die achteren Unterwanten halten den Mast in Längsschiffsrichtung gerade.
Dann werden die Mittelwanten getrimmt. Die Spannung sollte niedriger sein als bei den anderen Wanten. Wir achten darauf, dass der Mast in Querrichtung gerade bleibt. Nun steht das Rigg – ein letzter Feintrimm erfolgt bei einer leichten Brise während des Segelns.
Nach dem Spannen und Trimmen setzen wir neue Splinte oder Ringe zur Sicherung der Spanner ein und kleben Tape herum.
Haben wir einen Steckmast, so wird das Mastloch, wo der Mast durch das Deck hindurchgeführt wird, auf verschiedene Weise ausgefüllt und abgedichtet. Zunächst werden Mastkeile aus Holz oder Hartgummi mit seitlicher Krempe in den Mastschlitz gesteckt, um den Hohlraum möglichst nahtlos und ohne Spiel auszufüllen. Diese Mastkeile dienen auch dazu, bei einem flexiblen Mast den richtigen Trimm fest zu positionieren. Durch einen Mastkragen bestehend aus Segeltuch oder Neopren wird der Spalt abgedichtet und wasserundurchlässig gemacht.

Einräumen der Ausrüstung

Bevor unser Boot wieder eingeräumt wird, machen wir uns eine Kopie oder Skizze von der inneren Aufteilung unseres Bootes. Darauf werden die Stauplätze und Schapps im Schiff bezeichnet. Eine sinnvolle Einteilung ist Stb 1 für das vorderste Staufach an Steuerbord, Bb 1 für das vorderste Fach an Backbord, dann weiter mit Stb 2 und Bb 2 usw.

Beim Stauen aller Ausrüstungsgegenstände sowie der Verpflegung und persönlicher Sachen machen wir uns eine Liste davon, in welchem Fach alles gelagert wird. Denn ordentlich gestaut, ist rasch gefunden!

Dies hat den Vorteil, dass wir die Stauräume sinnvoll nutzen, bei Bedarf alles schnell wiederfinden und wir keine Überraschung mit überlagerten oder zu vielen Vorräten erleben. Auch besonders beim Nachtsegeln, wo nur wenig Licht die Kajüte erhellt, oder in Notsituationen brauchen wir nicht lange zu suchen.

Fotodosen eignen sich gut zum Aufbewahren von Kleinstmengen sowohl in der Pantry für Kräuter als auch im Ersatzteillager für Schrauben, Splinte, Kabelschuhe oder Fett.

Lagern wir jedes Jahr mit gleicher Einteilung, prägt sich dies ebenfalls der Crew bestens ein. So kann jeder Mitsegler an Bord Ordnung halten, was gerade bei Seetörns die Bordroutine erleichtert: Jeder hat seinen zuvor festgelegten eigenen Stauraum und jedes Bordgerät und alle Ausrüstungsgegenstände haben ihren festen Platz.

Sommer – unser Boot ist in Betrieb

Es gibt in unseren nördlichen Breiten auch trockenes Sonnenwetter, in manchen Jahren vielleicht seltener, das aber, verbunden mit Windstille, für uns Segler völlig ungeeignet erscheint. Zwar können wir mit Baden, Sonnen und Spielen den Tag genießen, aber manchmal langweilt uns das Faulenzen, und als aktive Sportler möchten wir uns lieber kümmern, kümmern um unser Boot. Da bieten sich das Auseinander-Nehmen von empfindlichen Teilen wie Winschen oder Bordtoilette, das Betakeln von Tauwerk, das Austauschen von beschädigten Relingsdurchzügen oder das Inspizieren der Segel an. Ferner denken wir an Arbeiten, die ausschließlich bei warmem und

trockenem Wetter erledigt werden sollten, wie Osmose-Behandlung, Laminieren, Lackieren oder Erneuern der Teakdeck-Vergussmasse.
Jeder Bootstyp hat seine besonderen Eigenarten, die entweder bereits konstruktionsbedingt vorliegen oder aufgrund des verwendeten Materials spezielle Pflege erfordern. Zudem beanspruchen das Einsatzgebiet und die Dauer der Benutzung unser Boot unterschiedlich stark, so dass unsere Inspektionen und Kontrollen und werterhaltenden Maßnahmen davon abhängen. So findet das Schippern im Mittelmeer bei weitaus höheren Temperaturen statt als beispielsweise auf der mittleren Ostsee, aber auch der Salzgehalt ist mit durchschnittlich 3,5 % wesentlich höher, was gerade Holz besonders stark belastet. Segeln wir in höheren Breiten spielen sicher Kälte und Feuchtigkeit eine besondere Rolle.
Unser Augenmerk gilt dem Auffinden von ersten Ermüdungserscheinungen oder Mängeln, um rechtzeitig geeignete Maßnahmen zu ergreifen. So gibt es bei bestimmten Bootstypen nicht nur Instandhaltungsbedarf, sondern es sind obendrein spezielle Kontrollen notwendig. Beispielsweise sind es bei schlanken Schärenkreuzern die stark belasteten Verbände und bei geklinkerten Boote diejenigen Verbände, in denen Feuchtigkeit stehen bleibt. Ein Bootseigner kennt im Laufe der Zeit am besten die Schwachstellen seines Bootes, die er regelmäßig kontrolliert und wartet.

Reinschiff

Wenn wir schippern oder einen größeren Törn segeln, also an Bord leben, werden wir unsere Umgebung pfleglich behandeln. Wir säubern die Pantry, schrubben das Deck, fegen die Kajüte und warten unsere Ausrüstung.
Allerdings ist das Reinschiff auf Kunststoffbooten ein Problem. Kunststoffboote leiden mehr unter der Luftverschmutzung als Boote aus anderen Materialien. An der See und fernab von Industriegebieten bleiben sie sauber, aber nahe großer Städte und besonders bei Regen und Nebel bleiben der Staub und Dreck haften und die Oberfläche sieht unansehnlich aus. Im Gegensatz zu lackierten Flächen auf Holz- und Stahlbooten, von denen man

alle Staubpartikel aus Fabrikschornsteinen, Kraftwerken und Heizungsanlagen mit einem Ledertuch einwandfrei abwischen kann, bleiben diese auf Kunststoffdecks viel penetranter kleben. Besonders an jenen Stellen des Decks, wo Wasser abläuft oder abtropft, kann die Verschmutzung so stark sein, dass wir geneigt sind, mit scharfen Scheuermitteln einzugreifen und die glatte Oberfläche dadurch jedoch noch mehr aufrauen. Rohe und matte Oberflächen neigen dann noch mehr zur Verschmutzung und verstärken die Problematik. Deshalb sollten wir so vorgehen:
Das Deck mit Schmierseife oder grüner Seife schrubben und nachspülen. Nach dem üblichen Deckwaschen polieren wir das Boot mit einem Glanzwachs, sodass der Kunststoff mit einem Schutzfilm überzogen wird. Allerdings machen solche Wachsschichten unser Deck rutschempfindlich. Nur aufgeraute Trittflächen an Deck bieten ausreichende Standfestigkeit, wenn sie mit Wachs gegen starke Verunreinigung geschützt werden.

Schwarze Stellen auf Deck, die von Gummisohlen an Bord verursacht werden, radieren wir mit einem Radiergummi einfach weg. Gummi gegen Gummi wirkt bestimmt!

Die Fenster und Luken werden am besten mit einem Ledertuch und wenig Fensterputzmittel wieder sauber und glänzend.
Die Lackflächen von Holzbooten werden während der Saison nur mit klarem Wasser gesäubert und anschließend trocken gerieben, damit keine Wasserflecken zurückbleiben. Alle Innenräume und die Bilge halten wir trocken und möglichst sauber. Ab und zu, je nach Wetter, werden die Räume durchgelüftet. Den an den Schuhsohlen haftenden und mit an Bord gebrachten Sand entfernen wir sofort, denn Sand schadet dem Lack und in der Bilge hält er die Feuchtigkeit nur unnötig fest. Den Holzbootskörper prüfen wir besonders auf Lackschäden oder Beschädigungen. Lackfreie Holzstellen an den Außenseiten sollten sofort konserviert werden. Registrieren wir Ansätze von bereits geringer Fäulnisbildung, sollten wir die Behandlung in den Winterüberholungsplan aufnehmen.
Das Wasser eines jeden Hafens ist oft voller Öl und Schmutz, der sich – noch unterstützt durch die Wellen – als breiter Dreckstreifen entlang des Was-

serpasses verteilt. Die Beseitigung von Deck und mit einem Schrubber klappt nur bei Booten mit geringem Freibord. Bei hochbordigen Booten muss die Arbeit von außen gemacht werden. Deshalb bietet sich die Reinigung der Außenhaut im Bereich des Wasserpasses an, wenn wir vor Anker liegen. Hat nämlich das Wasser eine angenehme Temperatur, lässt sich dieser Bereich spielend beim Baden mit einem Schwamm oder einer Bürste waschen. Wem es zu kalt ist, putzt entweder kleine Abschnitte über mehrere Tage oder benutzt das Beiboot.
Nach mehreren Schleusenmanövern oder nach dem Liegen an schmutzigen Kaimauern sollten wir unsere Fender mit einem Fenderputzmittel reinigen, damit unsere Außenhaut nicht verdreckt oder unnötige Schmutzstreifen erhält.
Messingteile in der Kajüte wie die Schiffsglocke, Kerzenleuchter und Bootsmannpfeife werden mit einem herkömmlichen Putzmittel und weichem Lappen blank poliert.

Zum anschließenden Konservieren von poliertem Messing eignet sich hervorragend Zappon-Lack. Mit einem weichen Pinsel wird er dünn auf der Messingoberfläche verteilt.

Mit dieser Maßnahme sparen wir uns das regelmäßige und mühevolle Polieren der Schiffsglocke und anderer Messinggegenstände an Bord.
Die gängigen Reinigungs- und Pflegemittel sind als Übersicht im Kapitel »Praktische Anleitung und Empfehlungen« aufgeführt.

Kleine Inspektion

Im Hafen oder während eines längeren Sommertörns sollte für eine regelmäßige Wartung der wichtigsten Teile immer Zeit sein. Die Hersteller der Bootsmotoren schreiben für die garantierte Betriebssicherheit diese Inspektion vor. Beim Auto ist uns dies selbstverständlich. Aber die Bootshersteller geben uns noch keine Anweisung mit auf die Fahrt, welche Teile losschlagen oder lecken könnten, was regelmäßig mit Öl behandelt oder auf möglichen Verschleiß gelegentlich überprüft werden müsste. Deshalb

müssen wir uns diese Checkliste für unser Boot noch selbst machen. Gesichtspunkte der Sicherheit und der Werterhaltung bestimmen die Punkte, die zur Inspektion gehören. Sie sind bei kleinen und großen Fahrzeugen, Segel- und Motorbooten, offenen und Kajütbooten natürlich unterschiedlich, und daher können hier aus dieser weiten Palette nur einige genannt werden. Grundsatz dieser Inspektion: Jede Einrichtung ist immer nur so stark wie sein schwächstes Teil! Das Ankermanöver kann missglücken, weil ein kleiner Schäkel sich selbsttätig öffnet oder im entscheidenden Moment nicht zu öffnen ist. Der Mast kann brechen, weil ein winziger Splint in einem Bolzen nicht richtig gesichert war und herausrutscht. Wassereinbruch kann entstehen, weil eine undichte Packung den Durchbruch der Außenhaut nicht mehr sicherte, und eine nicht mehr richtig befestigte Relingsstütze kann zu einem missglückten Mann-über-Bord-Manöver mit unübersehbaren Folgen für Boot und Besatzung werden.
Was rund ums Boot unterliegt unserer laufenden Sommerinspektion im Hafen oder bei längeren Törns auf See?

- *Alle Verankerungen* von Beschlägen wie Relingstützen, Klampen, Schotwinden, Halterungen für andere Decksausrüstung
- *Alle Durchbrechungen* der Außenhaut sowohl unter wie über Wasser, Luken und Fenster, Lüfter und Lenzer, der Abfluss des Kühlwassers und des Waschwassers, der Lenzer in der Plicht
- *Alle Sicherheitseinrichtungen*, die wenig benutzt werden, aber dennoch betriebsklar sein müssen: Schwimmwesten mit ihren Füllflaschen, die Flüssiggasanlage mit dem Sicherheitsablauf im Flaschenkasten; die Halterung der Rettungsboje
- *Alle Einrichtungen der nautischen Bootsführung* wie Lampen und Lichter, Kompass und Peilgerät
- *das »stehende Gut«*, das wir in seinem sicheren Stand prüfen, und das *»laufende Gut«*, das überall gut laufen soll.

Als Werkzeug genügt meistens eine Sprühdose mit Konservierungsmittel oder Öl, eine Kombizange und zwei Schraubenzieher, gegebenenfalls andere Werkzeuge aus der Bordwerkstatt und ein gutes Auge.

Betrachten wir – gleichsam als Muster – einige Teile der Ausrüstung und die Gesichtspunkte ihrer Prüfung:

Die weichen Stellen des Ruders

Die Ruderanlage eines Bootes besteht aus Hebeln. Feinarbeit können alle Teile nur leisten, wenn ihre Verbindungen keinen Spielraum haben. Wir inspizieren:

- Die Verbindung zwischen Pinnenausleger und Pinne: Schwenkbar zu jeder Seite und beweglich in der Vertikalen.
- Die Halterung der Pinne im Ruderkopf. Der Ruderkopf muss auch der geringsten seitlichen Bewegung der Pinne folgen.
- Die Ruderbeschläge am Spiegel.

Der größte Abstand, der baulich möglich ist, ist der beste. Durch die Hebelwirkung des Ruders werden beide Beschläge immer in entgegengesetzter Richtung belastet. Diese Belastung ist groß, da einerseits die Hebellänge der Pinne und andererseits die Hebellänge des eingetauchten Ruderblattes eine Rolle spielen. Je länger die Beschläge querschiffs sind und je größer die Zahl ihrer Befestigungsschrauben ist, desto besser. Wir prüfen mit dem Schraubenzieher, ob sie noch fest sitzen.

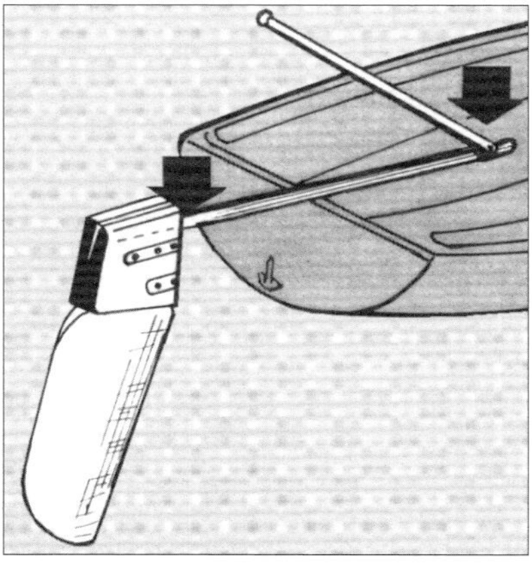

Ruder und Pinne

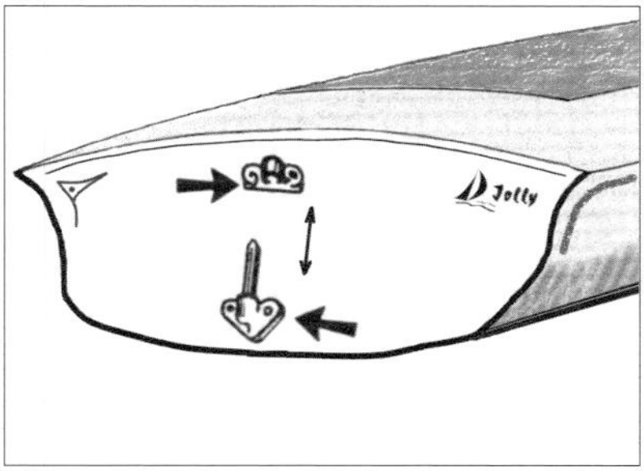

Ruderbeschläge

Inspektion der Plicht eines Regattabootes

Die Fußgurte sind mit Platten am Bootsboden befestigt. Wir kontrollieren die Schrauben und schauen unter die befestigte Gurtstelle, ob der Bootsboden durch Überlastung an dieser Stelle nicht eingerissen ist. Je größer die Befestigungsplatte ist und je mehr Schrauben sie halten, desto geringer ist die Gefahr des Ausreißens. Damit die Fußgurte bereit zum Hineinschlüpfen der Füße aufrecht stehen, wird ihre Länge durch ein Gummistropp einige Zentimeter über der Grundplatte verkürzt.
Auftriebstanks auf Jollen werden durch verschraubbare Inspektionsdeckel abgedichtet. Diese werden im Laufe der Zeit durch Materialschrupfung und -alterung undicht, sodass sich Wasser im Doppelboden ansammeln kann und sich dann das Laminat aufsaugt. Ein simpler Trick lässt dieses vermeiden, wenn das Gewinde des Deckels mit Vaseline oder wasserunlöslichem Fett eingeschmiert wird. Außerdem lässt sich dann der Deckel leichter lösen.

Das Übel der lockeren Muttern

Nicht nur in der Takelage und den Motorenanlagen, überall an Bord gibt es eine Anzahl von Muttern, die sich nicht selbsttätig lösen dürfen. Es gibt mehrere Möglichkeiten, um eine Mutter zu sichern. Beizeiten genutzt, ersparen sie uns die Inspektion:

1. Vernietung des Bolzenkopfes.
2. Durchbohrung des Bolzenendes hinter der Mutter und Sicherung mit einem Splint.
3. Anschrauben eines Federringes unter der Mutter.
4. Die Hauptmutter erhält eine Kontermutter.

Bevor wir die Mutter sichern, fetten wir das Gewinde bei Saisonbeginn gut ein.

Wenn wir auch aus einiger Entfernung mit einem Blick kontrollieren wollen, ob sich die Mutter gelöst hat, markieren wir die gegenüberliegenden Seiten der Mutter mit einer leuchtenden Farbe.

Wir ziehen die Muttern dann so weit an, bis die Seiten entweder waagerecht oder senkrecht stehen, und können dann mit einem kurzen Blick erkennen,

ob sie sich gelockert haben. Dies ist besonders bei Muttern an der Stopfbuchse oder dem Wellenflansch wichtig, die sich durch Vibration leicht lockern können. Hier erspart die richtige Sicherung mit Kontermuttern und ihre Farbkennzeichnung viel Ärger.
Manchmal sitzen Muttern und Bolzen, die jahrelang nicht bewegt wurden, so fest oder sind korrodiert, dass sie sich nicht einfach mit normalen Maulschlüsseln lösen lassen. Zangen machen meist nur den Sechskant kaputt. Kriechöl hilft bei minder schweren Fällen, wenn wir die Einwirkzeit unbedingt abwarten.

Zum Lösen von fest sitzenden Muttern helfen einige Tropfen Cola auf den Rost oder das korrodierte Gewinde, und schon lockern sich diese.

Ansonsten leicht mit Hammer und Gegenhalter immer im Kreis auf die Flanken klopfen und probieren aufzudrehen. Bei absolut hoffnungslosen Fällen hilft nur noch, die Mutter aufzusägen und mit einem Meißel zu sprengen. Dabei wird jedoch meistens das Gewinde beschädigt oder gar zerstört.

Wie Schrauben in Glasharz befestigt werden

Wenn es nicht möglich ist, an die Innenseite eines Bauteiles heranzukommen und quasi von hinten eine Verstärkung der Wandung zu befestigen, wird

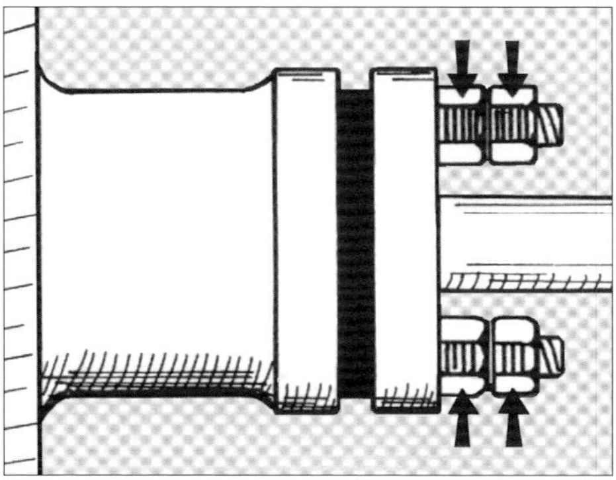

Sicherung von Muttern

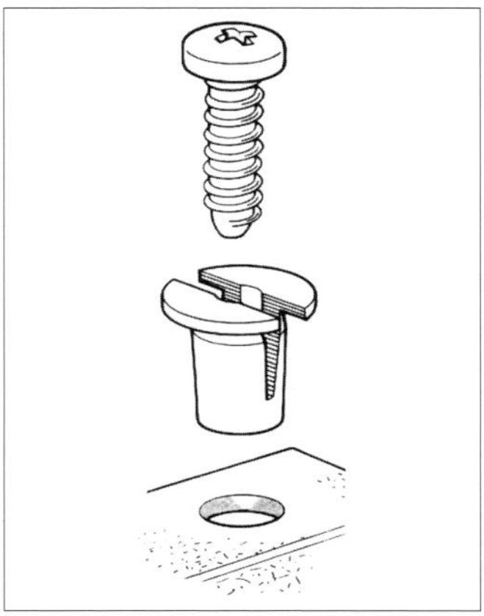

Befestigung von Schrauben in Glasharz

die Schraube eingedübelt. Dazu eignet sich Holz wie Kork und natürlich Kunststoff unterschiedlicher Festigkeit. Alle diese Einsätze können wir praktisch schnitzen. Im Handel sind jedoch auch entsprechende Dübel erhältlich, die noch den Vorteil haben, vorn allseitig über den Rand der Bohrung zu reichen. Es wird also eine Ausnehmung gebohrt, in die der Dübel hineinpasst. Dort wird dann die entsprechende Schraube eingesetzt. Befestigen wir damit einen Beschlag, dann kann dieser entweder unter dem Dübelrand oder zwischen Dübel und Befestigungsschraube liegen.

Segelpflege während der Saison

Besondere Aufmerksamkeit gilt unserem Segel, dem »Windmotor«, der unser Hobby erst zum Vergnügen werden lässt. Wie lange die Segel tatsächlich halten, ist abhängig von der Pflege, der Behandlung, dem Fahrtgebiet und den gesegelten Seemeilen. In der Regel halten beim Fahrtensegeln die Segel fünf bis zehn Jahre, Charterfirmen tauschen ihre Segel nach zwei bis drei Jahren und Regattayachten nach einer Saison oder nach noch kürzerer Zeit aus. Spinnaker und Blister aus Nylon halten länger, da sie überwiegend bei Leichtwindwetter und meistens seltener eingesetzt werden. Dieses Tuch ist außerdem gut zu reparieren.
Die größten Feinde des Segeltuches sind Abrieb, ultraviolette Strahlung, Überlastung, Hitze und chemische Substanzen. Zuerst verliert ein Segel sein Profil und arbeitet nicht mehr optimal. Dann folgen die mechanischen Schäden, das Tuch altert und wird zusätzlich durch UV-Strahlung und Salzwasser brüchig, und irgendwann ist es verschlissen. Eine Genua wird im Laufe der Jahre im Achterliek immer schlaffer, was ein stärkeres Durchsetzen der Liekleine erfordert. Dadurch rollt sich das Achterliek nach Luv ein; das Segel knallt. Im Großsegel und auch in der Genua wird man strahlenförmige Falten von den Ecken ausgehend beobachten. Die Segel dehnen sich immer weiter und überschreiten ihre maximal möglichen Abmessungen. Unser Windmotor läuft nur noch auf drei Töpfen!

Natürlich bieten Segelmacher auch eine komplette Überarbeitung eines Segels an. Sie ist jedoch zeitaufwendig, teuer und damit fragwürdig, insbesondere dann, wenn schon das Tuch selbst brüchig und mürbe ist. Nach vielen gesegelten Seemeilen ist eine Neuanschaffung nicht zu vermeiden und sogar lohnend, denn unser Boot wird wieder richtig schnell segeln.
Die verschiedenen Polyesterfasern auf dem Markt, aus denen das Segeltuch gewebt ist, gleichen sich in ihrer chemischen Zusammensetzung, nur der Markenname der Fabrikate ist unterschiedlich. Der Segelmacher unterscheidet zwar noch, wie der Polyesterfaden verwebt und wie das Gewebe hinterher ausgerüstet ist, ob der Faden stark oder weniger stark gezwirnt, das Tuch chemisch nachbehandelt, übergespachtelt oder geharzt ist, jedoch die Pflegeanforderung bei diesen Kunststoffsegeln ist identisch. Reines Polyester, das Ausgangsmaterial der meisten Segel, ist weitgehend unempfindlich gegenüber der Sonneneinstrahlung, jedoch die Zusätze, mit denen das Segeltuch behandelt wird, wie Appreturen und Harzimprägnierungen, sind anfällig gegen Wärme, UV-Strahlung und trotz ihrer unbestrittenen Robustheit nicht minder anfällig gegen ständige Fehler im Gebrauch.
Wie alle Kunststoffe sind auch Segel vor extremen Temperaturen zu schützen. Sehr große Hitze wirkt sich auf die Mittel der chemischen Nachbehandlung und auf die Festigkeit des Gewebes aus. Bereits bei einer Wärme von nur 70 °C, die bei praller Sonne oder in kleinen Räumen im Sommer schnell erreicht werden, läuft das Tuch ein. Im Winter lagern wir unsere Kunststoffsegel nicht in einem beheizten Raum, weil sie dort schrumpfen können. Folglich bewahren wir sie im Sommer auch nicht längere Zeit zusammengefaltet in der brütenden Hitze einer unbelüfteten Segellast, in der Backskiste eines auf dem Trailer oder an Land abgestellten Bootes oder sogar im geschlossenen Auto auf.
Bekanntlich hat unser Segel eine Tragflügelform, die der Segelmacher dem weichen Tuch durch trickreiche Verarbeitung und sinnvollen Schnitt gegeben hat. Sie gilt es während der Benutzung unverändert zu erhalten.

Richtige Behandlung ist die beste Pflege

Wenn wir einige Regeln im Umgang mit unseren Segeln beherzigen, haben wir lange ungestörte Freude an ihnen, und es erübrigt sich eine besondere Inspektion während der Sommerfahrten. Als begeisterte Segler achten wir besonders auf das richtige Setzen der Segel und den richtigen Segeltrimm. Wir vermeiden, das Segel lange killen zu lassen und zu leichtes Tuch bei schwerem Wetter einzusetzen. Abgesehen von einer höheren Segelleistung verlängern wir damit die Lebensdauer unserer Segel.
Ein kräftiges Durchsetzen des Vorlieks ist wichtig für einen guten Stand des Segels. Die Fallscheibe im Mast für das Großfall reicht achtern etwas weiter nach außen, damit der Zug des Falls parallel zum Achterliek erfolgt. Liegt die Fallscheibe zu weit innen oder ist das Fall im Kopfbrett zu weit achtern angesteckt, dann wird der Kopf des Segels seitlich zum Masttopp gezogen, und das Segel erhält in seinem oberen Teil durch Falten einen schlechten Stand. Da das Fall ungünstig beansprucht wird, kann es im Laufe der Zeit brechen.
Die Nockleine des Unterlieks muss nicht nur bis zum Nockbeschlag des Großbaums führen, sondern auch um den Baum genommen werden, damit das Unterliek bis zur Schothornkausch in der Hohlkehle bleibt. Es reicht aus, wenn die Nockleine hinter dem Achterliek einige Male um den Baum gelegt wird. Besser ist es, wenn sie direkt durch die Schothornkausch geführt wird. Das Segel behält seinen richtigen Stand und unvorhergesehene Schäden am Schothorn werden vermieden.

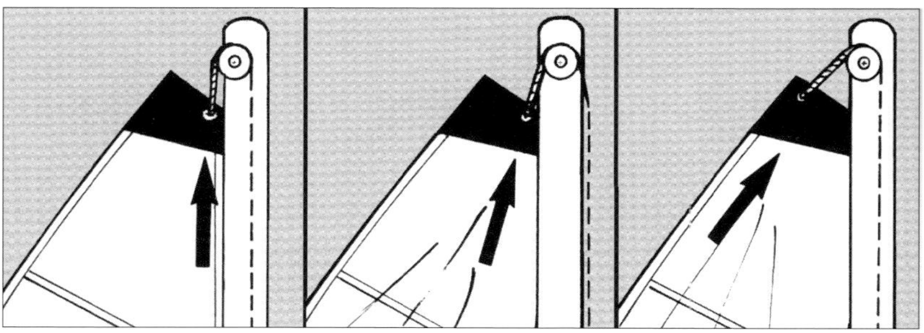

Kräfte am Großfall

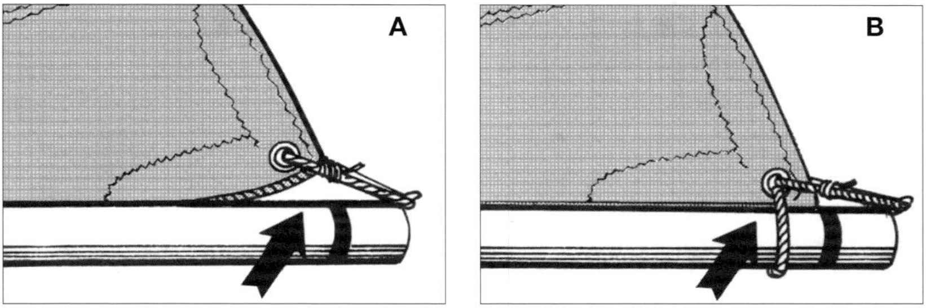

Schothornbefestigung

Wenn die Ausholerleine vom Schothorn des Großsegels ihren Zug nur waagerecht zur Baumnock ausübt, hebt sich das Schothorn, wenn sich das Segel füllt. Nach und nach zieht der Wind das Liektau des Unterlieks aus der Hohlkehle. Es schamfilt, nutzt sich ab, und das Segel wird faltig.
Um beim Segelsetzen das Großsegel nicht mit dem Gewicht des Baumes zu belasten, heben wir den Baum von Hand oder mit der Dirk an, bis das Großfall durchgesetzt ist. Beim Vorsegel achten wir auf den richtigen Holepunkt der Schoten. Falls der Holepunkt zu weit achtern liegt, kann selbst durch die Erhöhung der Achterliekspannung ein Killen nicht verhindert werden. Das entstehende Geräusch nervt nicht nur die Crew, sondern unser Vorsegel verliert dadurch sein Profil. Liegt der Holepunkt zu weit vorn, so treffen die Abwinde ins Großsegel und es wird ebenfalls killen.
Besonders gefährlich für ein Segel ist das Aufreiben der Oberfläche durch Schamfilen. Das Segel darf nicht unter Spannung auf Dirk, Wanten, Schoten oder Achterholer vom Spinnaker und anderen Leinen liegen, denn diese verursachen Abriebstellen. Ferner sollten die beim Segelbergen oder Reffen hilfreichen Lazy Jacks bei einem Segeltörn am Mast gezurrt werden, damit sie nicht schlagen und das Großsegel schamfilen.

Stellen, an denen sich eine ständige Scheuergefahr für unser Segel nicht vermeiden lässt, erhalten entsprechende Verstärkung aus weichem Leder oder Dopplung des Segeltuches.

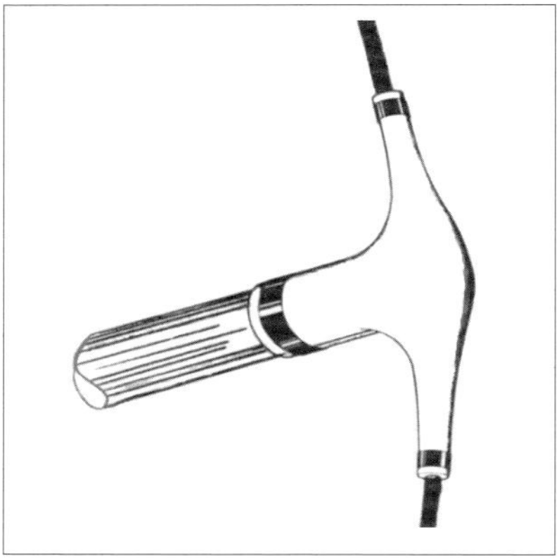

Salingschoner

Besonders die offenen Salingnocken, in denen die Wanten liegen, sind für Vorsegel äußerst kritisch. Schutz können flexible Leder- oder Kunststoffkappen bieten, die stoßfest, entsprechend verdickt und für die Berührung mit den Segeln noch profiliert sind. Unter dem Begriff Salingschoner sind sie im Handel erhältlich und werden vor dem Setzen des Mastes zuerst über die Wanten gezogen und dann über die Salingen gestülpt, wo sie mit Schellen befestigt werden.

Bei langen Seetörns, insbesondere beim Segeln im Passat, bei dem des Großsegel lange Zeit an den Wanten anliegt, schützen Tausendfüßler.

Wenn Segellatten nicht genau die richtige Größe und Stärke haben, beschädigen sie die Lattentaschen. In der Umgebung der Lattentaschen sollten wir das Tuch regelmäßig auf Risse und schamfilte Nähte kontrollieren. Durchgehende Latten, die bis zum Mastliek reichen, machen das Profil effektiver. Das Segel schlägt weniger und behält damit länger seine Form.

Schlägt beim Segeln die Dirk, so hilft ein Gummistropp von ca. 20 cm Länge, der an der Nock und an der Dirk befestigt wird. So bleibt die Dirk während des Segelns unter Spannung.

Langfristig könnte die schlagende Dirk durch einen festen Baumkicker ersetzt werden; damit entfällt zugleich auch der Baumniederholer.
Will ein Großsegel nach dem Loswerfen des Großfalls nicht fallen, überprüfen wir die Gängigkeit der Keep oder suchen nach fehlerhaften, verklemmten Mastrutschern. Keinesfalls dürfen wir das Segel an seinem verletzlichsten Teil, dem nicht eingeliekten Achterliek, nach unten reißen. Wenn

schon hart zugepackt werden muss, dann nur entlang des Vorlieks, an dem alle Belastung auf das Liektau kommt.
Beim Bergen der Segel haben wir Zeisinge zum raschen Auftuchen des Segels parat. Somit können die Segel nicht auswehen und sich unnütz am Schiff Scheuerstellen holen.
Liegt das Boot längere Zeit unbenutzt am Steg, sollten wir die angeschlagenen Rollvorsegel mit einem speziellen dafür angefertigten Überzug schützen. Auch das Aufnähen eines Streifens aus UV-beständigem Material ans Achterliek des Rollvorsegels ist eine Maßnahme, die Segel zu schützen und den Alterungsprozess hinauszuzögern.
Tritt am Segel trotz sorgfältiger Behandlung doch einmal ein Riss auf, lässt sich dieser mit handelsüblichen Segel-Klebetape notdürftig reparieren. Bei dieser Reparatur sollten wir keine anderen Tape einsetzen, da sich der Kleber dieser in der Segeltuchfaser festsetzt und eine professionelle Reparatur des Segels erschwert. Für längere Risse eignet sich Klebetuch, das wie ein Pflaster aufgeklebt wird. Dabei sollten höher belastete Stellen des Segels, wie der Liekbereich, beidseitig beklebt werden.

Aufbewahren der Segel

Nur auf großen Booten bleibt das Großsegel am Mast angeschlagen. Es wird dann mit einer Segelpersenning zugedeckt, die wasserdicht und lichtundurchlässig sein muss. Damit sich jedoch kein Schwitzwasser bilden und die Feuchtigkeit des Tuches verdunsten kann, bleibt der Bezug unten offen. Der Abschlusskragen der Persenning aus PVC-beschichteten Polyester- oder Nylontuch wird am Mast in jedem Falle durch Bändsel wasserdicht verschlossen. Vorsegel und kleinere Großsegel verstauen wir, nachdem sie richtig zusammengelegt sind, im Segelsack.
Bleibende Falten oder Kniffe sind jedoch für das Segel schädlich. Sie beschädigen die Fasern, und besonders senkrechte Falten stören die Luftströmung entlang des Segels und vergrößern den Windwiderstand. Waagerechte Kniffe sind aerodynamisch nicht so nachteilig, aber da sie beim Zusammenlegen meistens immer an derselben Stelle entstehen, schaden auch sie langfristig dem Tuch. Am besten wechseln wir daher beim Ver-

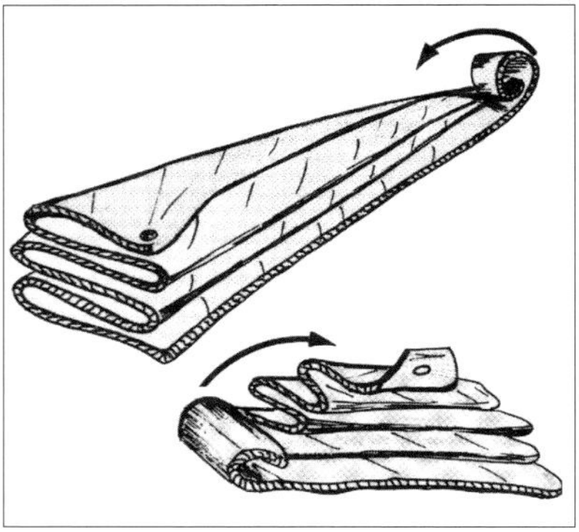

Auftuchen des Segels

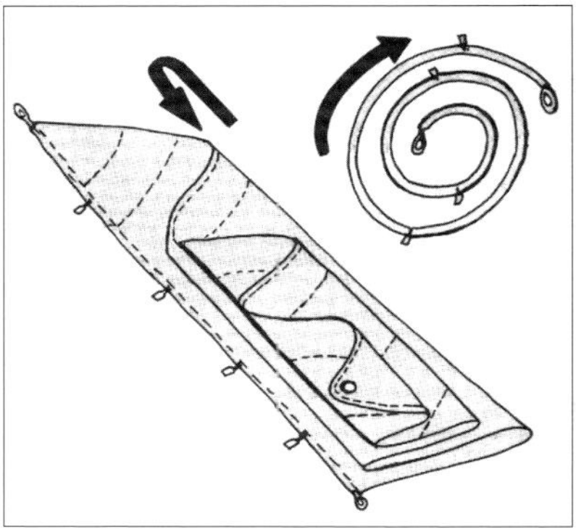

Rollen der Vorsegel

stauen größerer Segel mit der Art des Zusammenlegens und bringen entweder das Kopfbrett oder das Schothorn zum Segelhals. Anschließend falten wir das Tuch noch einmal übereinander und zu einem kleinen Paket zusammen. So sparen wir Platz, und das meist sperrige Tuch liegt überall glatt und weich aufeinander.

Ein Vorsegel von weniger als 10 m^2 Segelfläche kann einfach lose in seinem Segelsack verstaut werden. Größere Vorsegel werden vom Kopf zum Unterliek gerollt und hierbei das Liektau nicht über, sondern nebeneinander gelegt. Die so entstandene schlanke Wurst kann dann noch einmal übereinander gepackt werden, sodass zudem eingenähte Fenster nicht zu heftig geknifft werden. Feuchte Segel sollten wir nicht auftuchen, sondern sobald wie möglich trocknen. In den Tuchdopplungen und im Tauwerk hält sich die Feuchtigkeit am längsten. Auch regelmäßiges Lüften tut unseren Segeln gut, falls wir nur selten zum Segeln kommen.

Reinigen und Waschen

Nach einem längeren Seetörn, bei dem die Segel mit Salzwasser in Berührung gekommen sind, legen wir sie am besten auf einen sauberen Betonboden und spritzen die gut ausgebreitete Fläche mit dem Wasser-

schlauch ab. Ein Schrubber und ein mildes, chlorfreies Waschmittel helfen, Salzreste und Hafenschmutz zu lösen. Anhaftendes Salz verkrustet und nimmt gern Feuchtigkeit auf, wodurch unser Segel leidet.
Kunststoffsegel leiden zwar nicht unter Flecken oder Verschmutzungen, aber sie lassen sie alt aussehen. Natürlich können Segel ebenso mit nach Hause genommen und in der Badewanne eingeweicht werden, um sie dann flach zu trocknen oder aufzuhängen. Für kleinere Segel eignen sich genauso einfache Plastiksäcke als Waschbehälter. In ihnen kann man sie so auch an Bord oder im Hafen waschen. Der Verbrauch an Waschmitteln sollte jedenfalls gering bleiben. Spezielle Segelwaschmittel sind im Handel erhältlich, aber übliche milde Haushaltswaschmittel tun die gleichen Dienste. Super eignet sich Geschirrspülmittel. Auf keinen Fall sollten Scheuermittel verwendet werden. Das Segel wird in lauwarmer Lauge von maximal 50 °C über Nacht eingeweicht. Am nächsten Tag wird es in klarem Wasser gut ausgespült und zum Trocknen aufgehängt.
Das Trocknen auf einer sauberen Betonfläche bekommt dem Segel gut. Ebenso wie wir keine harten Schrubber zum Reinigen einsetzen, ziehen wir auch nicht unser gereinigtes Segel quer über den Boden, denn all dieses würde die Segeloberfläche nur aufreiben. Legen wir es stattdessen auf den Erdboden oder auf den Rasen, kann das nasse Segel wieder fleckig werden.

Besser ist es, das nasse Segel dann wie Wäsche auf eine Leine zu hängen. Dazu werden bei einem Vorsegel die Stagreiter an die Wäscheleine gesteckt. Bei einem Großsegel helfen Wäscheklammern; aber Kniffe sind möglichst zu vermeiden. Damit das Segel nicht seine Form verliert, darf es nie mit dem Achterliek an die Wäscheleine geklammert werden.

Dringend abzuraten ist die Reinigung der Segel in einer normalen Textilreinigung. Spätestens dann verliert das Segel sein Profil und die Appretur ist verschwunden. Besonders Kevlar und Nylon sind empfindlich gegenüber Chlor; sie verlieren dadurch ihre Festigkeit völlig. Laminatsegel sollten nicht mit Aceton oder Lösungsmitteln behandelt werden, weil sonst der im Laminat enthaltene Kleber angelöst wird.

Teakdeck – Reinigung und Pflege

Ein Teakdeck sieht nicht nur wunderschön aus und erinnert an die klassischen Segelschiffe vergangener Tage, sondern bietet überdies eine hervorragende Rutschfestigkeit und eine gute Wärmeisolierung. Teakholz ist aufgrund seines hohen Ölanteils sehr widerstandsfähig gegen Fäulnis und Verwitterung und weitgehend immun gegen tierische Holzschädlinge. Im Laufe der Zeit entsteht – ohne Behandlung – eine silbrig-graue Oberfläche, eine Art Patina, die aber nicht die hervorragenden Eigenschaften des Holzes beeinflusst, da sie sich nur in der obersten Schicht bildet. Mit unseren Pflegemaßnahmen wollen wir bezwecken, den natürlichen Selbstschutz des Teakholzes zu unterstützen und die Schönheit unseres Decks möglichst über Jahre zu erhalten. Natürlich ist es eine Frage des Geschmacks, ob wir diesen natürlichen Alterungsprozess des Holzes mögen, oder eher den goldgelben Ton bevorzugen. Davon hängen dann Umfang und die Art der jährlichen Pflegearbeiten am Deck ab.
Das heute verwendete Teakholz stammt meistens aus dem Plantagenanbau, es ist schnell gewachsen und damit längst nicht mehr so hart wie früher. Deshalb sind unsere Decks empfindlicher, und wir sollten behutsam und mit schonenden Mitteln an die Reinigung herangehen. Es ist empfehlenswert, zunächst mit den mildesten Mitteln zu beginnen. Scharfe Scheuermittel, harte Bürsten oder sogar Hochdruckreiniger haben auf einem Teakdeck absolut nichts zu suchen.

Vollwaschmittel reinigen zwar unsere Socken und Unterhosen, aber nicht besonders umweltfreundlich unser Teakdeck. Die enthaltenen Chlor- und Bleichanteile können außerdem die Fugen angreifen.

Auch auf eine totale Versiegelung sollten wir tunlichst verzichten, es sei denn, man möchte sowieso ein neues Deck haben: Wird das Deck erst einmal mit Lack bearbeitet, ist es nur eine Frage der Zeit, wann das Holz fault oder aufweicht, da es nicht atmen kann und kein oder nur ein mäßiger Temperatur- und Feuchtigkeitsausgleich mit der Umgebung stattfindet.

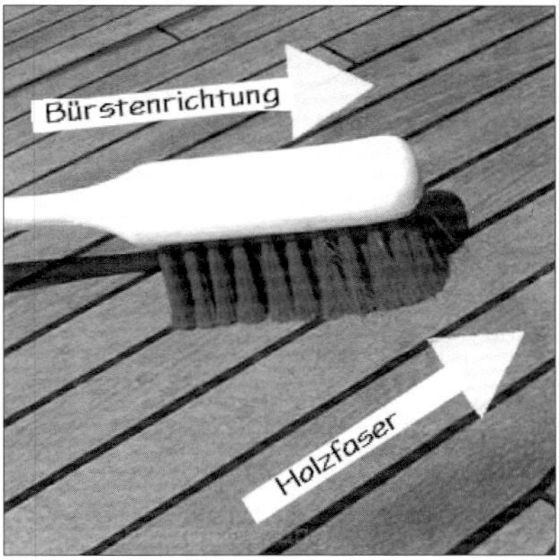

Reinigung des Teakdecks

Zu Beginn aller Pflegemaßnahmen des Teakholzes sollte uns bewusst sein, dass wir zwar mit Reinigen und Schrubben die Optik verbessern, aber das Aussehen eines neuen Decks nicht wiederherstellen können. Um das Deck zu säubern und der Veralgung entgegenzuwirken, greifen wir auf die zeit- und kostenersparendste und für mich einfachste Variante zurück: Zunächst das Deck gut wässern, am besten mit salzigem Meerwasser, damit sich der Schmutz anlöst. Dann mit grüner Seife und weicher Bürste ohne Druck und quer zur Faserrichtung reinigen, gründlich mit Frischwasser nachspülen, und schon sind wir fertig!
Nach dem Trocknen des Decks werden wir wieder die Schönheit des Holzes bewundern können. Beim Bürsten längs zur Holzfaser wird zu viel Holz abgetragen und die Holzmaserung mit Vertiefungen werden freigelegt. Ein Nachspülen mit Salzwasser hat zur Folge, dass die nach dem Trocknen entstehenden hygroskopischen Salzpartikel nur unnötig Feuchtigkeit anziehen.

Gute Resultate erzielen wir auch, wenn dem Waschwasser billiger Essig – kein Weinessig – beigemischt wird. Dieses Gemisch auf dem Deck eine halbe Stunde einwirken lassen und dann kräftig mit Frischwasser abspülen.

Sind wir mit dem Ergebnis unzufrieden und ist unser Deck nach dieser Behandlung noch fleckig und dunkel oder gar von einem schwarzen Pilz befallen, der überwiegend in Frischwasserrevieren vorkommt, helfen die im Handel angebotenen fertigen Teakreiniger. Die Firmen bieten neben Reinigern zusätzlich Aufheller an. Diese Mittel enthalten Säuren, vor allem Oxalsäure. Wegen dieser scharfen chemischen Anteile sollten wir diese Mittel sehr sparsam verwenden. Bevor der Reiniger mit einem weichen Flachpinsel aufgebracht wird, befeuchten wir gründlich das Deck. Nach einer entsprechenden Einwirkungszeit (falls diese nicht angegeben ist, bis zu einer halben Stunde) reiben wir das Holz mit einem Schwamm ab und spülen kräftig nach.

Oxalsäure macht Lack und GFK stumpf. Deshalb vor der Anwendung alle Flächen rund um das Teakholz nass machen.

Effektiv sind ferner Zwei-Komponenten-Reiniger. Mit dem ersten Mittel wird gebleicht und mit dem zweiten neutralisiert und gereinigt. Allerdings vermindern die säurehaltigen Anteile auch den natürlichen Schutz des Holzes und entziehen dem Teakholz das Öl. Deshalb muss nach der Anwendung in einem dritten Schritt obendrein wieder das entzogene Öl zugeführt werden, um das Holz zu schützen.

Öle und offenporige Lacköle dienen nicht nur zur Konservierung des Teakholzes, sondern auch zur Auffrischung des goldgelben Holztones. Das Öl verfliegt jedoch schnell, sodass nur für kurze Zeit der natürliche Ölanteil geringfügig regeneriert wird. Häufig unterscheidet sich außerdem die Zusammensetzung vom ursprünglichen Teakholzöl und die Wirkung ist damit gering. Ölen ist zwar nicht schädlich für das Deck, aber es macht es auch nicht langlebiger. Fazit: Einmal geölt, erfordert es ein regelmäßiges Nachölen, oft mehrfach in der Saison, um die gewünschte Holzoptik zu erhalten – ein enormer Zeit- und Geldaufwand! Im Übrigen dringt Öl unterschiedlich tief ins Holz ein und zieht regelrecht Schmutz an, wodurch unansehnliche Schmutzflecken und Verfärbungen nicht zu vermeiden sind. Wenn also ölen (nach der Benutzung von Bleichmitteln allerdings ein Muss), dann immer das Holz gut tränken, indem mehrere Schichten aufgebracht werden. Das Teaköl wird am besten mit einem weichen Pinsel aufgetragen. Damit das Öl gleichermaßen in tiefe Schichten gut vordringt, verdünnen wir es für das erste Auftragen zu ungefähr 30 bis 50 % mit Verdünner oder Terpentin. Das trockene Teakholz saugt zuerst das Öl zusehends auf. Deshalb wiederholen wir den Ölvorgang mehrmals; dabei reduzieren wir jeweils die Verdünnung des Öls, indem wir der Öl-Verdünner-Mischung immer mehr Öl zumischen. Nach dem dritten bis fünften Auftragen bleibt das Öl an der Oberfläche stehen und das Holz ist gesättigt. Das überflüssige Öl wischen wir mit einem Lappen weg. Am Ende wird das Deck eine gleichmäßig matte Oberfläche ohne glänzende Stellen aufweisen.

Tropft Öl auf die umgebene GFK- oder Lackfläche, müssen wir es sofort mit einem Lappen abwischen, der am besten mit Spiritus getränkt ist. Die im Öl enthaltenen Harze bleiben sonst als dunkle Flecken zurück.

Falls wir doch Klarlack bevorzugen, sollten wir bedenken, dass auf öligen Hölzern, und dazu zählt Teakholz, Anstriche nur schwer haften. Erst wenn das Holz glatt, staub- und fettfrei ist, kann mit dem ersten Anstrich begonnen werden. Mit dieser Art der Versiegelung wird unser Deck aber seine Standfestigkeit verlieren und nicht mehr rutschfest sein. Schrammen, Abrieb oder Beschädigungen der eigentlichen Versiegelung lassen Wasser unter diese Schutzschicht wandern und unser Deck unansehnlich werden. Oft kommt es ferner zum Nachdunkeln und der schöne gelblich-braune Teakholzton geht verloren. Wenn wir unser Deck schon versiegeln, sollten wir deshalb unbedingt Klarlacke mit UV-Filter benutzen.
Letztendlich hängt der notwendige Pflegeaufwand ebenfalls von der Beanspruchung des Decks und dem Fahrtgebiet ab. Ist die Crew größer und wird das Deck viel belaufen, gibt es einen stärkeren Abrieb, aber damit auch eine geringere Vergrauung des Decks. Manche kleine Vorsorge hilft, damit unser Deck möglichst lange ansehnlich bleibt.

Vor dem Tanken den betreffenden Decksbereich anfeuchten – so entstehen keine unansehnlichen Flecken.

Alternde Teakdecks werden mit der Zeit rau und riffelig, und das Deck lässt sich dadurch zunehmend schlechter säubern. In den Unebenheiten und Vertiefungen setzen sich bevorzugt Schmutz und Algen fest. Um wieder eine glatte Oberfläche herzustellen, schleifen wir es mit einem Schleifpapier feiner Körnung leicht schräg zur Faserrichtung an. Allerdings können wir die-

sen Vorgang nicht allzu oft wiederholen, da die heutigen Teakdecks oft nur 3 bis 4 mm dick sind. Es bleibt dann nur noch die totale Erneuerung.
Besondere Aufmerksamkeit sollten wir den auf dem Teakdeck befestigten Beschlägen und den Übergängen vom Holz zum Deck schenken. Dringt erst einmal Feuchtigkeit unter die Metallflächen oder zwischen Deck und Holzbeschichtung, kann es darunter verrotten. Ständig feuchte Stellen oder schwarze Verfärbungen des Holzes sind ein erstes Indiz dafür, dass eine Leckage besteht. Das passiert genauso, wenn die Dichtungsfugen zunehmend herausquellen oder beschädigt sind. Diese Stellen sollten wir möglichst umgehend reparieren, bevor es zu weiterer Fäulnisbildung kommt. Da das Entfernen der Dichtungsfugenmasse von Hand mühsam ist, werden wir ein gutes elektronisches Schneidwerkzeug einsetzen. Für diverse Elektrogeräte gibt es auch Aufsätze, die zum Herausschneiden der alten Fugenmasse geeignet sind. Ungeeignet sind jedoch Oberfräse oder Kreissäge, denn die Gefahr des Verschneidens ist sehr groß.

Soll nur ein kleiner Bereich des Teakdecks repariert werden, eignet sich zum Entfernen der Fugenmasse auch eine sogenannte Parkettklinge, bei der die Schneide auf 3 bis 4 mm angeschliffen wird.

Messingschrauben im Teakdeck neigen im Laufe der Zeit zum Verspröden und brechen ab. Da hilft dann nur Herausdrehen oder vorsichtiges Herausbohren und das Ersetzen der Schraube.

Gefahren der Feuchtigkeit

Richtige Lüftung aller Innenräume unseres Bootes ist während der Nutzung im Sommer so wichtig wie im Winterlager. Ausreichende Belüftung dient dazu, die Bildung von Kondenswasser zu verhindern und damit ein Schimmeln oder Verrotten zu vermindern. Desgleichen werden wir uns in der Kajüte wohler fühlen, wenn es frisch und gut riecht. Mit guter Lüftung vermeiden wir, dass sich explosive Gasgemische in der Bilge, dem Motorenraum oder den Bereichen der Benzintanks bilden.

Für ein Regattaboot ist richtige Luftzirkulation noch wichtiger als für ein Fahrtenboot. Im Rennen wird oft härter gesegelt, wodurch mehr Gischt überkommt, und die Luken meistens geschlossen bleiben. Das Wohlergehen an Bord, die Stimmung und auch die Kondition sind von ausreichender Frischluftzuführung abhängig. Bei Seekrankheit ist frische Luft das beste Heilmittel. Wenn die Kajüte ausreichend, regelmäßig und unabhängig vom Wetter durchlüftet werden kann, können wir auf See ohne Angst längere Zeit unter Deck bleiben. Lüftung ist also nicht nur Bootspflege, sondern dient auch der Körperpflege.
Jeder Raum an Bord sollte einzeln be- und entlüftet werden können. Der Motorenraum sollte weitgehend luftdicht von den Wohnräumen getrennt sein, der Salon sollte vom Vorschiff getrennt sein. Es ist nicht angenehm, im Vorschiff zu schlafen und durch die geöffnete Schotttür den ganzen Bordbetrieb miterleben zu müssen, nur weil die Tür zur Luftzirkulation offen gehalten werden muss.
Wir wollen uns nur mit einer Lüftung durch den natürlichen Wind beschäftigen, wenn unseren Innenräumen mit Drucklüftern Frischluft zugeführt oder mit Sauglüftern verbrauchte Luft abgesaugt wird.

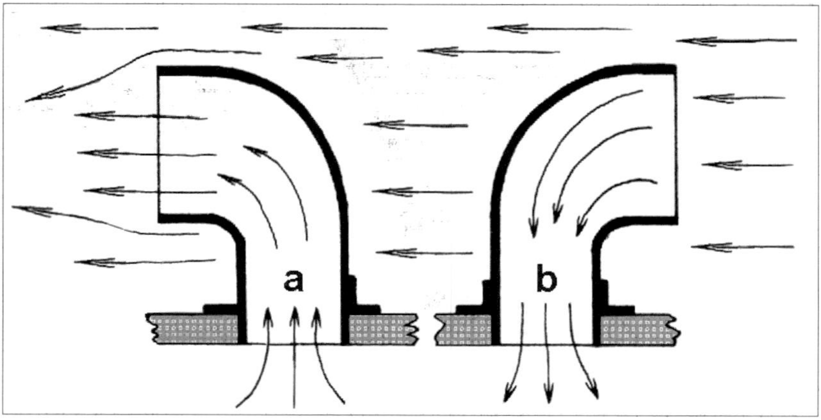

Windhutze zum Absaugen und Hereindrücken der Luft

Die Windhutze ist der beste natürliche Lüfter, die je nach der Richtung ihrer Öffnung zum Absaugen der Luft wie zum Hereindrücken von Frischluft verwendet werden kann. Es gibt sie für Sportboote in mehreren Größen und vor allem drehbar aus flexiblem Kunststoff, damit sie wirklich hektisches Bordleben aushalten können.
Aber Lüfter helfen nur, wenn wir sie richtig aufstellen und ausrichten, damit kein Luftstau entsteht und die Kajüte stickig bleibt. Weht der Wind von der Öffnung weg, entsteht ein leichter Sog, und aus dem Raum, mit dem der Lüfter verbunden ist, wird die Luft herausgesaugt. Gleichzeitig muss durch eine andere Lüfteröffnung frische Luft in den Raum eintreten. Weht der Wind gegen die Lüftermuschel, wird durch die Öffnung Luft in die Kajüte gedrückt, wenn durch eine andere Öffnung Luft abfließen kann. Windhutzenpaare, deren Öffnungen in entgegengesetzter Richtung zeigen, sorgen also dafür, dass Luft ein- und ausfließen kann. Der Wind sollte hierzu jedoch überwiegend senkrecht auf eine der beiden Lüfteröffnungen wehen.

Viele Lüftertypen für das gleiche Prinzip

Regelmäßige Luftzirkulation unter Deck bei jedem Wetter und bei benutztem und unbenutztem Boot bedingt Decksöffnungen, die zwar Luft wirkungsvoll herein- und hinauslassen, jedoch den Miteintritt von Regen- und Spritzwasser vermeiden. Bestens bewährt hat sich der Dorade-Lüfter, benannt nach dem kleinen Seekreuzer des amerikanischen Yachtkonstrukteurs Stephens. Über dem Decksdurchbruch ist ein Kasten gesetzt, der die Windhutze trägt. Seitlich dazu versetzt liegt die Durchbrechung des Kajütdaches, die gleichzeitig mit einem hohen Süll versehen ist, über das die Luft fließen muss. Das Spritzwasser fließt durch kleine Ausnehmungen im Außenkasten (Speigatten) wieder ab. Ganz trocken bleibt es, wenn der Unterrand des Lüfters möglichst tief und der Oberrand des Sülls möglichst hoch reichen. In abgerundeter Form und kombiniert mit anderen Bauteilen des Kajütaufbaus lässt sich dieser Lüfter überall fast unsichtbar unterbringen. Auf unserem Boot dient das Cockpitsüll als Dorade-Kasten. Neuere Dorade-Lüfter haben zusätzlich eine Lüftungsklappe, die bei viel Wasser vorübergehend geschlossen werden kann.

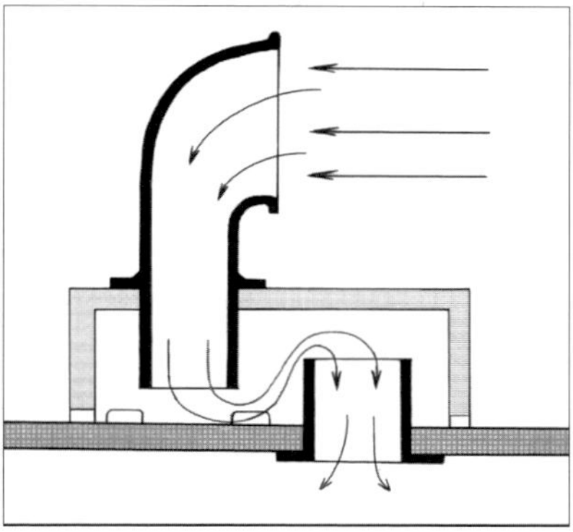

Dorade-Lüfter

Dorade im Cockpitsüll

Neben dem Dorade-Lüfter gibt es viele andere Lüftertypen, die nach dem gleichen Prinzip arbeiten: Frischluft muss über ein Süll springen, wohin das Spritzwasser nicht folgen kann. Pilzlüfter empfehlen sich nur dort, wo wenig Wasser überkommt. Auch sie haben ein Süll, doch ist es nicht hoch genug geschützt. Allerdings lassen sich diese Lüfter bei schwerem nassem Wetter ganz verschließen.
Drucklüfter sollten eigentlich immer mit Sauglüftern kombiniert werden. Das Prinzip zeigt die Abbildung. Der Strömungsquerschnitt verengt sich in Lee des Lüfters. Die Luft fließt hier schneller, und durch den Unterdruck wird die schlechte Luft herausgezogen, während der Oberdruck auf der Luvseite gleichzeitig für eine nochmalige Beschleunigung sorgt.
Luft in die entlegensten Ecken des Bootes zu bringen ist nicht einfach. Die besten Lüfter nützen nichts, wenn wir nicht gleichzeitig für eine gute Luftzirkulation innerhalb der Einbauten der Kajüte sorgen. Deshalb werden Schränke, Stauräume und die Bereiche unter den Kojen mit ausreichend

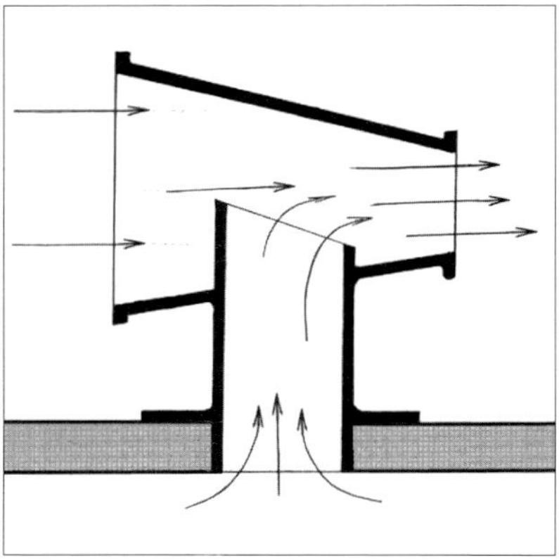
Lüfterprinzip

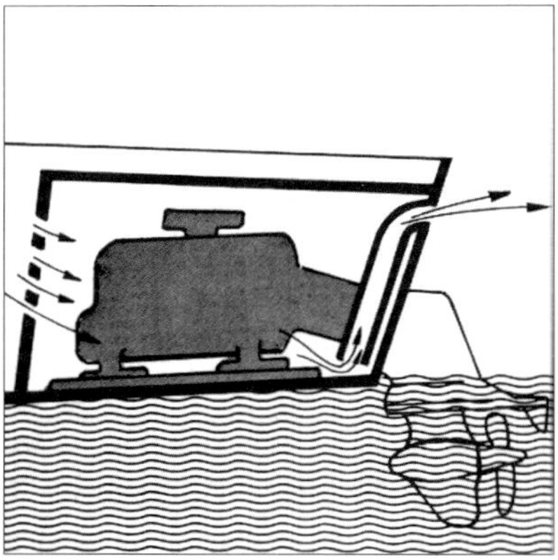
Belüftung des Motorenraumes

großen und zahlreichen Durchbrechungen versehen. Fingerlöcher im Fußboden können nicht nur zum Anheben, sondern auch zur Belüftung dienen. Die gleichen Ausnehmungen erhalten Türen und Schubladen, Klappen und Wegerung. Große Türen reichen nur bis ca. 5 cm unter die Oberkante des Schrankes und beginnen erst in gleichem Abstand über der Unterkante, damit die Luft darüber im Inneren zirkulieren kann. Ein zusätzlicher Bast- oder Lattenrost in der Vorderwand ist empfehlenswert.
Die Motoren- und Tankräume müssen gesondert belüftet werden, damit das gefährliche Benzin-Gasgemisch nicht zuerst durch das ganze Boot gepustet wird, ehe es ins Freie kommt.
Das Prinzip ist das gleiche, es gilt nur, dabei besondere Sicherheitsvorschriften zu beachten. Die Luftzufuhr soll gleich unter Deck aufhören, aber so angelegt sein, dass nicht ein massiver und gezielter Luftstrom auf den Motor trifft. Die Ablüfter müssen ihre Luft aus dem tiefsten Punkt der Bilge saugen, damit die unten liegenden gefährlichen Benzindämpfe erreicht und zuerst entfernt werden. Hat der Motorenraum unterschiedliche Ebenen, muss er mehrere Zu- und Ablüfter besitzen. Bei Motorbooten mit offener Plicht kann die Luft auch seitlich einströmen und dann über den Heckspiegel abfließen.

Möglichkeiten der Lüftung

Wenn Rotationsgebläse die Luftzirkulation bewirken, können natürlich die Lufteintrittsöffnungen kleiner sein. Auch die Süllhöhe vermindert sich dabei, und die Lüftertypen schrumpfen zu flachen, wenig auffallenden Decksbeschlägen zusammen. Diese mechanischen Lüfter arbeiten mit einem Gebläse, das einen Impeller dreht. Ihre Energie erhalten sie entweder aus dem Bordnetz oder, unabhängig davon, aus einer eingebauten Solarzelle. Diese Solarlüfter arbeiten als Druck- oder Sauglüfter, je nach Art des Impellerflügels, der leicht ausgetauscht werden kann. Teuere Geräte dieser Art besitzen zusätzlich ein Akku, sodass sich der Ventilator-Impeller obendrein bei Nacht dreht.
Für eine Lüftung bei Regenwetter können wir uns Regenkappen selbst anfertigen, um im Hafen das Vorluk oder den Niedergang auch bei Regenwasser von oben offen zu halten.

Aus einem Stück Segeltuch schneiden wir ein gleichseitiges Dreieck mit der Kantenlänge von etwa 2 m, lieken es allseitig ein und versehen es mit 6 Ösen. Mit Bändseln können wir dieses selbst gemachte Regendach über Vorluk oder Kajüteingang spannen.

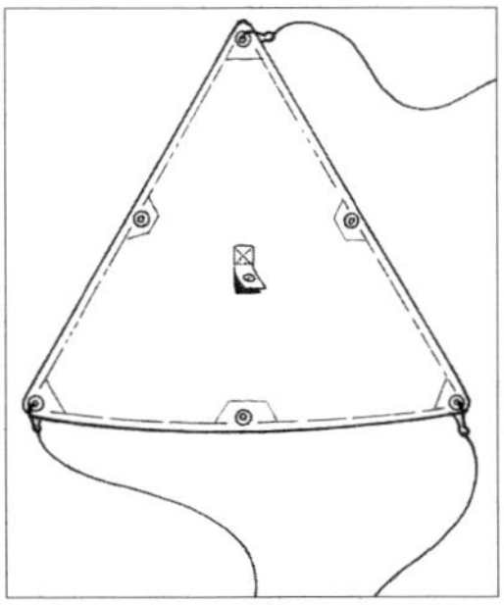

Selbst genähtes Regendach

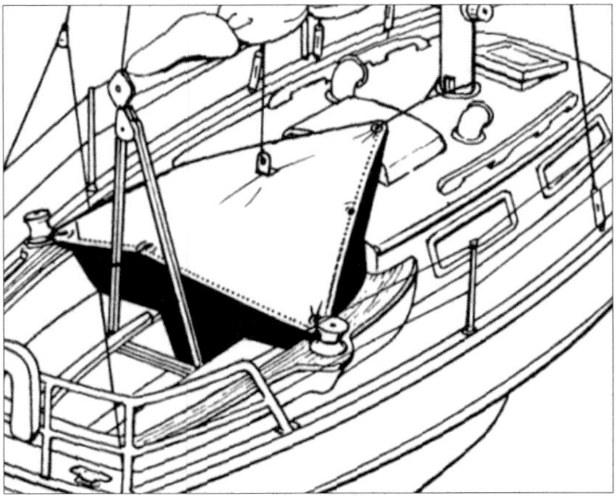

Regendach im Einsatz

Es fasst seitlich weit über die offenen Zugänge und wehrt auch Regen mit kräftigem Wind zuverlässig ab.

Bei herrlichem Wetter reicht es oft nicht aus, nur alle Luken zu öffnen, um einen guten Luftzug in der Kajüte zu erzielen. Besser, wir benutzen ein Ventilationssegel, das den Wind fängt und ihn als frische Brise direkt ins Boot bringt. Dieses im Handel erhältliche Ventilationssegel aus leichtem Nylontuch wird am Baum oder Fall direkt über der Luke aufgehängt. Die Öffnung ist so konstruiert, dass sie jeder Änderung der Windrichtung von selbst folgt.

Auf einem Motorboot, ob mit oder ohne Kajüte, kann leicht für die nötige Lüftung gesorgt werden. Die schnelle Fahrt sorgt für kräftigen Fahrtwind, und die größere Windgeschwindigkeit macht viel kleine Lüfterventile erforderlich, als man sie auf Segelbooten verwenden müsste.

Waffen gegen die Nässe

Damit ein Boot trocken bleibt, kämpfen wir an drei Fronten:

1. Zunächst heißt es vorbeugen: Es darf in die Kajüte keine Feuchtigkeit eindringen. Am besten sorgen wir für ein trockenes Boot, indem das Wasser mit überall gut schließenden Luken bereits außen abgewehrt wird!
2. Luftfeuchtigkeit durch verdampfende Nässe bei den unterschiedlichen Lufttemperaturen der geschlossenen Räume wird durch gute Lüfter bekämpft.
3. Eingedrungenes oder kondensiertes Wasser ist so schnell wie möglich zu lenzen.

Auch gut angelegte und optimal belüftete Kajüten können feucht werden. Auf See kann Feuchtigkeit durch nasses Ölzeug, das die abgelöste Wache wieder in den Schrank hängt, eingebracht werden. Ölzeugspinde sollen daher so nahe wie möglich am Niedergang liegen, möglichst im Toilettenraum des Bootes. Eine andere große Feuchtigkeitsquelle ist die Segellast, die meistens im Vorschiff liegt und sich nicht so klar gegen die übrigen Räume abgrenzen lässt. Hier dürfen wir die Lüftung nicht vergessen!

Schwitzwasser, Tropfwasser von Segeln und Ölzeug und durch undichte Stellen eingedrungenes Regen- oder Spritzwasser sollten unter den Fußbodenbrettern ablaufen. Ein Gefälle in der Bilge leitet das Wasser schnell zu einem Tiefpunkt, wo sich das Wasser sammelt und abgepumpt oder ausgeschöpft werden kann. Zwei getrennte Lenzpumpen oder zumindest eine Lenzanlage mit zwei getrennten Pumpen in der Kajüte und in der Plicht sind empfehlenswert. Der »Mann am Rohr« oder die »Frau am Rohr« kann von der Plicht aus mit wenigen Pumpenschlägen das Boot lenzen. Im Notfall wird die Crew in der Plicht ein beschädigtes Boot lenzen, und bei Ausfall einer Pumpe steht dann immer die Reservepumpe am Reserveplatz zur Verfügung. Der beste Helfer gegen Feuchtigkeit an Bord ist eine Heizung. Unter Deck und in der Kajüte eingebaut, nimmt sie wenig Platz weg. Besonders in unseren Revieren hilft eine Bordheizung nicht nur, die Saison zu verlängern, sondern sie macht sich auch zum Trockenhalten des Bootsinneren und zur Werterhaltung unserer teuren Ausrüstung bezahlt.

Schlagpütz mit Schlagseite

Wer oft genug Reinschiff gemacht hat, kann die Pütz problemlos so zu Wasser bringen, dass sie waagerecht eintaucht und beim Anrucken der Fangleine gefüllt ist. Schwieriger wird dies bei einem leichten Kunststoffeimer.

Schlagpütz

Seefeste Halterung des Bootshakens

Es hilft ein Stückchen Blei, das beim Auswuchten der Autoreifen abfällt. Wir klemmen oder nieten es an einer Seite der oberen Kante des Plastikeimers fest. Jetzt wird im Hafen keine zweite Hand gebraucht, um den Eimer ins Wasser zu drücken, und auf See kein zweiter Wurf, wenn die Schlagpütz nicht bereits beim ersten Versuch Wasser fasste.

Seefeste Halterung des Bootshakens

Der Bootshaken sollte stets einsatzbereit sein. Deshalb wird er am besten in Griffnähe auf dem Deck untergebracht, er muss jedoch auch im Seegang gut gehaltert sein. Seinen Zweck erfüllt eine Bändselschlaufe oder ein passender Ring, der am Want in Kniehöhe befestigt wird, und ein Schäkel, der im Want entlang rutscht. Bequem lässt sich der Bootshaken dort hineinstellen und herausziehen. Bei schwerem Wetter hilft ein Bändsel oder ein kleiner Gummistropp, mit dem der Bootshaken zusätzliches gesichert wird.

Anlegen bordeigener Bücher

Bei der Überprüfung der Ausrüstungen und Einrichtungen an Bord hat es sich als praktisch erwiesen, dass wir Gebrauchsanweisungen, Schaltpläne und Diesel- und Wasserinstallationen kopieren und in entsprechende Ringbücher abheften. Um an Bord Platz zu sparen, hat sich eine Verkleinerung auf A5-Format bewährt.

Die Herstellung eines bordeigenen Fachbuches aller wesentlichen und unwesentlichen Dinge auf unserem Boot erleichtert, die Übersicht zu behalten.

Dort vermerken wir gleichfalls Änderungen oder Vorgehensweisen beim Auseinander-Nehmen von Teilen, die Hersteller und Nummern der benutzten Farben und Pflegemittel sowie wichtige Ersatzteile. Zwar erscheint es zunächst aufwändig, so ein Buch anzulegen, aber bei irgendeiner Reparatur

Bordbücher selbst gefertigt

kann schnell und organisiert vorgegangen werden. Ringbücher sind von Vorteil, da zusätzliche Seiten einfach hinzugefügt und Seiten mit Veränderungen ausgetauscht werden können. Die Originale bleiben als Ersatz zu Hause. Manchmal schlagen wir dort im Winter oder vor dem Besuch der Bootsausstellung nach, denn unsere so hergestellten bootseigenen Fachbücher bleiben immer an Bord.

Checkliste für anfallende Winterarbeiten

Bereits während der Saison fällt uns einiges auf, was reparaturbedürftig ist und was neu beschafft werden sollte. Wir sollten es immer gleich in unseren Bordbüchern notieren, damit es nicht in Vergessenheit gerät. Bootsausstellungen eignen sich gut, um einen großen Überblick aller Anbieter zu erhalten. Und es lässt sich einiges sogar günstig erwerben.

Einwinterung – Außerdienststellen unseres Bootes

Erst Aufräumen!

Wenn die Tage immer kürzer, kälter und nasser werden, verbindet sich für uns Bootseigner die Trauer über die nun endgültig beendete Saison auch mit dem Zwang, unser Boot aus dem Wasser zu nehmen und für den Winterschlaf vorzubereiten. Die Außerdienststellung ist ferner der Zeitpunkt, an dem wir alles in Ruhe und im Detail betrachten und Anzeichen von Verschleiß und Abnutzung feststellen können.

Wenn wir Ordnung bei der Einwinterung halten, so brauchen wir im Frühjahr nicht zu suchen, und die Indienststellung geht rasch und einfach.

Unsere Arbeit sollten wir gut organisieren, dann eigentlich wollen wir segeln und überflüssige Arbeit vermeiden! Eine Checkliste oder ein Buch, wo wir alles Nötige einschreiben und abhaken können, erleichtert das Einwintern, und wir behalten die Übersicht über die vielen unterschiedlichen Bereiche auf dem Boot – wie Elektrik, Motor, Farben, Lüftung, Tank, Bilge, Segel, Rigg. Wenn wir jetzt zu diesem Zeitpunkt die Überholungsarbeiten an unserem Boot festhalten, werden wir sie erledigen. Später sinkt das Interesse oder sie geraten gar ganz in Vergessenheit.
Je nach den Möglichkeiten, die für die Lagerung der Ausrüstung im Clubhaus, im Eigenheim oder in einer Stadtwohnung bestehen, lässt sich diese Tätigkeit ohnehin schwer verallgemeinern. Bei einem kleinen Sportboot fällt nur wenig Material an, ein großer Kajütkreuzer erfordert dagegen bedeutend mehr Planung, Zeit und Lagerraum. Beschränken wir uns also auf einige allgemeine und besonders wichtige Tipps.

Alle Einzelteile zeichnen

Die wichtigsten Hilfsmittel beim Abtakeln und Ausräumen sind weißes Tape oder eine Menge kleiner Anhänger und ein Permanentstift oder Kugelschreiber. So können wir schnell beim Trennen der vielen kombinierten Ausrüstungsteile auf jedem Einzelteil vermerken, wohin es gehört und wo es im nächsten Jahr wieder befestigt werden muss. Das gilt für Blöcke, Tauwerk, Schäkel – ja, eigentlich für alles, was an Bord nicht niet- und nagelfest ist. Wir bedienen uns entweder einfacher Buchstaben; dann ist jedoch ein Codebuch erforderlich, um unter A, B usw. nachschlagen zu können, um welche Kombinationen es sich handelt. Besser wir schreiben die entsprechenden Namen dieser Teile selbst auf die Anhänger oder Aufkleber.

Kennzeichnung der Einzelteile

Was kann im Winterlager an Bord bleiben?

Bevor wir mit dem Ausräumen beginnen, sollten wir überlegen, welche Ausrüstungsteile auch im Winterlager an Bord bleiben müssen, welche Anlagen andererseits nur teilweise demontiert werden, zum anderen Teil jedoch an Bord geprüft und überholt werden.

So bleibt z.B. der Feuerlöscher aus Sicherheitsgründen in jedem Fall an Bord. Von der Ausrüstung der Pantry entfernen wir nur Kocher und Gasflasche, von der Motorenanlage bauen wir nur die Batterie aus. Elektronische Geräte können an Bord bleiben, aber alle Batterien werden entfernt.
Auf Booten mit Benzin-Einbaumotoren und auf allen Kajütbooten, die eine mit Propangas betriebene Pantry besitzen, können Unfälle im Winterlager durch ganz banale Ursachen entstehen. Wenn beispielsweise mit einem Staubsauger der Schmutz aus der zwar schon trockenen, aber nicht richtig entlüfteten Bilge entfernt wird. Hier hat sich das gefährliche Benzin-Gasgemisch abgelagert, und wenn der Staubsauger es bis zu den Kontakten des Motors mit ansaugt, sind gefährliche Explosionen möglich. Das gleiche gilt für aus Leitungen und Flaschen entwichene Propan- oder Butangase, die bekanntlich schwerer als Luft sind und auch zuerst ihren Weg in die Bilge nehmen.
Zur Sicherheit also nehmen wir alle Bodenbretter hoch und lassen das Boot durch den natürlichen Luftzug und die Lüfteranlage des Bootes gleichfalls in den Bereichen der Bilge mindestens eine Woche lang austrocknen und auslüften. Das ist die grundsätzliche Bedingung, ehe wir mit elektrischen Geräten im Bereich der Bilge arbeiten.

Reinschiff auch auf dem Trockenen

Beim Reinschiff auf einem schwimmenden Boot können wir unbedenklich mit viel Wasser arbeiten und hinterher die schmutzigen Reste wieder mit dem Pumpsystem des Bootes lenzen – das ist ein einfacher und üblicher Weg. Unorganisierte können aber ebenso dieses Reinschiff aufschieben, bis das Boot an Land auf Pallhölzern ruht oder noch auf dem Trailer liegt.
Mit dem starken Wasserstrahl des Gartenschlauches werden dann alle Innenräume kräftig abgespritzt. So gelangen wir auch in die entlegensten Winkel. Nach dem Einweichen wird ein Reinigungsmittel in alle Ecken gesprüht und noch einmal kräftig mit Frischwasser nachgespült. Keine Angst, wenn einem anschließend das Wasser im Boot buchstäblich bis zum Nabel reicht. Auch ohne Pumpe kann das Boot überall sogar ohne Muskel-

kraft wieder gelenzt werden. Dazu füllen wir einen ausreichend langen Schlauch, der von der Bilge über die Außenhaut bis auf den Erdboden reicht, mit Wasser, legen ein Ende ins Boot und senken die Außenöffnung so tief wie möglich unter den wassergefüllten Bilgenboden. Jetzt lenzt sich das Boot allein, auch ohne Ablaßschraube im Bootsboden, die deshalb auf trailerbaren Booten oft eingelassen ist.
Kleine Ruderboote, Jollen oder leichte Sportboote werden vornüber geneigt auf den Spiegel gestellt und sicher abgestützt. Wenn sie jetzt innen mit dem Wasserstrahl bearbeitet werden, fallen Schmutzreste, Sand und andere Fremdkörper direkt nach außen, und die an einer Stelle gelösten Schmutzreste können nicht in einem anderen Winkel wieder haften bleiben.
Das Innere größerer Boote, und dazu gehört besonders auch die Bilge, bedarf einer gründlichen Reinigung. Nachdem wir feucht gewischt haben, wird alles gut getrocknet, damit uns nicht Monate später ein Fäulnisgeruch empfängt. Auf jeden Fall sollten wir mit Süßwasser wischen, damit das Boot anschließend weniger feucht bleibt, da die zurückbleibende feine Salzschicht Feuchtigkeit anzieht.

Bildet sich doch ein widerlicher Geruch, helfen einige Tropfen Nilodor aus der Apotheke.

Der Bildung von Schimmel beugen wir einwandfrei vor, indem wir uns aus der Apotheke Essigsäure besorgen (Haushaltsessig aus dem Supermarkt ist genauso brauchbar) und damit alle Schapps vor dem Einwintern auswischen. Bei dieser Gelegenheit der gründlichen Reinigung des Bootsinneren sollten wir auch gleich alle schwer zugänglichen Stellen kontrollieren, wie Kielverbindungen, Schwertbolzen, Ruderbeschläge sowie Verbindung von Deck und Außenhaut.

GFK säubern und polieren

Bereits schon im Wasser beginnen wir, das Boot größtenteils winterfest zu machen. Meistens gibt es noch einen sonnigen Herbsttag, an dem das Ver-

richten kleiner Restarbeiten bestimmt angenehmer als im noch kühlen Frühling ist. So versiegeln wir das Deck und die Außenhaut mit einem haltbaren Poliermittel. Diese Mühe zahlt sich im Frühjahr aus, denn Staub und aggressiver Schmutz aus Heizungen, Industrieemissionen und Autoabgasen können sich weniger festsetzen und bleiben auf der behandelten Oberfläche – in unserem Fall auf der Wachs- bzw. Poliermittelschicht.
Wenn das Boot nach dem Aufslippen dann an Land steht, sind nur noch einige Arbeiten am Unterwasserschiff nötig, und gepflegt und gut konserviert kann unserem Boot der Winter wenig schaden. Viel unangenehme Arbeit im Frühjahr können wir uns ersparen, wenn wir den Bewuchs sofort nach dem Slippen noch im feuchten und weichen Zustand vom Rumpf holen. Auf keinen Fall sollten zum Abspritzen Hochdruckreiniger eingesetzt werden, die noch brauchbare und vor allem giftige Farbschichten total entfernen.

Zum Abziehen des feuchten Bewuchses eignet sich hervorragend ein altes Fensterputzgummi. Anschließend wird das Unterwasserschiff mit Wasser und einem Schrubber gut gereinigt und abgespült.

Auch die noch nicht angetrockneten Seepocken lassen sich leicht mit einem Stückchen Holz oder einem Schaber entfernen.

Zur Reinigung des vergilbten Wasserpasses helfen nicht unbedingt alle angebotenen Mittel. Nach altem Hausrezept mischen wir Essig, Salz und Wasser (sparen dabei Geld) und unser vergilbter Wasserpass glänzt wieder.

An Stahlflächen entfernen wir sorgfältig alle Roststellen und konservieren sie gleich mit Primer.
Sofern es die Lufttemperatur erlaubt, können wir natürlich bereits jetzt unser Unterwasserschiff mit Antifoulingfarbe streichen, denn die meisten angebotenen Schutzanstriche verlieren nicht ihre Wirkung, wenn sie noch ein halbes Jahr oder länger im Trockenen verweilen. Aber bevor wir den Farbaufbau vornehmen, sollten wir sorgfältig prüfen und absolut sicher sein, ob nicht größere Schleifarbeiten oder eine Osmosebehandlung notwendig sind.

Sobald unser Boot aus dem Wasser ist, untersuchen wir deshalb den Rumpf. Stellen wir Blasenbefall am Unterwasserschiff fest, müssen wir die Blasen auf jeden Fall jetzt öffnen, damit das Wasser herauslaufen kann und die Stellen austrocknen. Im Frühling lässt sich Blasenbefall nur noch schwer feststellen, da die wassergefüllten Blasen austrocknen und schrumpfen.

Reinigung der Sprayhood

Die Sprayhood reinigen wir am besten im aufgespannten Zustand. Dazu eignen sich vorzüglich grüne Seife und lauwarmes Wasser. Erst wenn sie vollständig getrocknet ist, wird sie abgeschlagen. Nach Entfernen der Stützbügel rollen wir die Sprayhood tadellos auf, damit die eingearbeiteten Fenster nicht knicken oder aufeinander liegen.

Reißverschlüsse bleiben mit einigen Tropfen Gleitöl (auch hier tut es normales Speiseöl) gängig.

Luken

Gummi und Gummidichtungen unterliegen besonders durch Sonneneinstrahlung und Salzwasser einem Alterungsprozeß. Um die Dichtigkeit auch in der nächsten Saison zu garantieren, kontrollieren wir sie sorgfältig und erneuern gegebenenfalls schadhafte Stellen.
Die Aluminiumscharniere der Decksluken befreien wir von Salzablagerungen und Staub und anschließend schützen wir sie mit einem Trockenschmiermittel auf Teflonbasis gegen Korrosion. Keinesfalls sollten wir fettende Mittel verwenden, da sie Dreck und Staub geradezu anziehen. So stellen wir sicher, dass sich die Luken in der nächsten Saison einwandfrei öffnen und schließen lassen. Luken oder Fenster aus Kunststoff neigen zum Verkratzen und werden mit der Zeit milchig und undurchsichtig. Dagegen gibt es im Handel spezielle Acrylglaspolituren, die Verschmutzungen entfernen und stumpfe Scheiben wieder

glatt und makellos erscheinen lassen. Auf keinen Fall sollten andere Polituren oder Reinigungsmittel verwendet werden, die zwar zunächst zu einem glanzvollen Erfolg führen, aber langfristig das Material verändern und feine Risse entstehen lassen. Zur Aufarbeitung der Scheiben wird das Acrylglasmittel mit einem weichen Lappen aufgetragen und mit einer Lammfellscheibe, die auf eine langsam drehende Polier- oder Bohrmaschine aufgesetzt wird, ohne Druck verrieben. Falls tiefere Kratzer vorhanden sind, kann eine Vorbehandlung mit einer Politur erfolgen, die gröbere Schleifpartikel enthält. Falls unser Kompass eine Haube aus Kunststoff (Plexiglas) besitzt, lässt sich diese auch mit dem gleichen Mittel reinigen und pflegen.
Während des Winterschlafes sollten wir über Abdeckungen oder Persenninge für unsere Luken nachdenken. Solche Abdeckungen sind sinnvoll, einerseits schützen sie die Lukenscheiben vor UV-Strahlen und andererseits verhindern sie das Eindringen dieser Strahlen ins Bootsinnere und damit das Ausbleichen von Holz und Polster. Besonders bei Holzluken ist ein Persinning angebracht, da die Lackschicht und das Holz geschont werden.

Takelage – Rigg und Segel

Desto älter unser Rigg ist, um so sorgfältiger sollten wir es inspizieren. Mast und Spieren werden mit mildem Seifenwasser abgewaschen und trocken gerieben. Perfekt pflegen wir die Eloxalschicht mit einem Politurwachs. Damit erhalten wir einen hochglänzenden Oberflächenschutz, und Kratzer im Eloxal werden versiegelt und können nicht weiter erodieren. Das Einsprühen der Mastrollen mit Kriechöl gewährleistet auch in der nächsten Saison die gewünschte Leichtgängigkeit.

Aufhängen der Spieren

Kurze Spieren von trailerbaren oder kleineren Booten, die zu Hause überwintern, werden an der Garagenwand aufgehängt. Sie sollten an mindestens drei, längere Spieren an vier Punkten Halt finden. Am sichersten liegen sie übereinander in Überhandschlägen. Der schwere Mast hängt unten – dann folgen

Großbaum, Spinnakerbaum, Bootshaken, und sogar Riemen oder Pinne können hier hängen. Diese Haltung spart Platz, und das Gewicht hält sie alle fest. Um alles Tauwerk von Schmutz oder Salzresten zu säubern, kann die Badewanne nützlich sein. Aber auch ein einfacher Plastiksack leistet die gleichen Dienste. Dieses Reinigungsbad kann sofort am Takelplatz durchgeführt werden. Anschließend das Tauwerk trocknen und die sauberen Ausrüstungsteile gleich nach Hause fahren.

Segeldurchsicht

Segel bewahren wir nur sauber, trocken und überholt auf. Schmutz setzt sich sonst nur unnötig in ihnen fest und ist im Frühjahr nur schwer wieder zu entfernen. Anhaftendes Salz verkrustet und nimmt gern Feuchtigkeit auf, wodurch das Segel leidet. Deshalb spülen wir es mit Süßwasser und reiben Schmutzflecken mit Seifenwasser aus.
Hartnäckige Flecken beseitigen wir mit einem speziellen Segel- und Gewebe-Reiniger, der im Handel erhältlich ist. Dieses Mittel sollte säure- und alkalifrei, ungiftig und unbrennbar sein und die Imprägnierungen des Segeltuches nicht angreifen. Pech- und Teerflecken können wir vorsichtig mit Waschbenzin oder mit Teerentferner beseitigen. Ein Blutfleck wird in kaltem Wasser mit 25 cm^3 Ammoniak je Liter eingeweicht. Öl- und Fettflecken beseitigen wir durch Betupfen mit einem üblichen Fleckentferner; bei Sprühmitteln werden die Flecken ausgebürstet, bei flüssigen Lösungsmitteln wird mit warmem Wasser nachgewaschen. Da diese Lösungsmittel feuergefährlich oder giftig sind, sollten wir im Freien oder in einem gut belüfteten Raum arbeiten. Metallflecken sind schwieriger zu entfernen. Bei dieser Arbeit dürfen die Lösungsmittel nicht mit Kauschen und Rutschern in Berührung kommen, die aus verzinktem Stahl oder Kupfer bestehen. Deshalb die befleckte Stelle in eine Lösung aus 50 g Oxalsäure je Liter heißes Wasser eintauchen und anschließend gründlich mit handwarmem Wasser nachspülen. Diese Behandlung ist nicht ungefährlich!
Stockflecken beeinträchtigen nicht die Festigkeit des Gewebes (anders als bei Baumwollsegeln), doch sind sie unschön und schwer zu entfernen. Wir können das trockene Segel mit einer harten Bürste abbürsten, um so viel

Schimmelpilz wie möglich zu entfernen. Stockflecken sollten wir von vornherein vermeiden, indem die Segel nur gut getrocknet verstaut werden.
Nach der Behandlung werden die Segel gut getrocknet und auf Beschädigungen nachgesehen. Uns interessieren bei der Herbstinspektion der Segel vor allem die Nähte und die Befestigung der Segelbeschläge. Es können Nähte, Lattentaschen und Laschen schamfilt oder aufgetrennt und Reffgatchen oder Lieken ausgerissen sein. Naht für Naht sehen wir nach, ob einige Stiche aufgegangen sind. Auch die aufgesetzten Lattentaschen und Doppelungen an Schothorn und Hals, die Befestigung des Kopfbrettes und des Vorlieks am Segel sind beliebte Schadensstellen.
Aufgeriebene Zickzacknähte erneuern wir mit einem doppelten Faden bis zur gesunden Naht. Die Enden des Garns werden mit einem Knoten versehen, damit es nicht durchrutscht. Offene Randnähte, wie an den Segellatteneingängen, werden mit einer einfachen Rundnaht mit eng gesetzten Stichen repariert. Auch der vordere Teil der Lattentaschen ist ein Schwachpunkt, der regelmäßig kontrolliert werden sollte. Zeigen sich hier Abnutzungen, ist es vorteilhaft, die Naht mit einigen Stichen zu verstärken.

Segelgarn lässt sich besser verarbeiten, wenn es vorher durch Bienenwachs gezogen wird. Damit wird das Garn geschmeidiger und es rutscht beim Nähen gut durch das feste Segeltuch.

Wir überprüfen auch, ob Kauschen und Gatchen möglicherweise verbogen wurden. Ferner sind die Stagreiter nachzunähen; ihren Bolzen geben wir einige Tropfen Öl.
Segelmacherarbeiten organisieren wir vor dem Winterlager, dann ist der Zustand der Segel noch in bester Erinnerung, und meistens ist der Segelmacher zu dieser Zeit nicht mit Arbeit überhäuft und offeriert günstige Preise.
Nachdem unsere Segel durchgesehen und in Ordnung sind, werden sie möglichst lose in Segelsäcken oder offen an einem trockenen und luftigen Platz aufbewahrt. Vermeiden sollten wir in jedem Fall, die Segel in starken Falten, in Feuchtigkeit oder unter Pressdruck zu lagern. Segellatten legen wir entweder in eine schmale Lattentasche oder binden sie auf einer waagerechten Planke fest, damit sie sich nicht verziehen können.

Nach dem Herausziehen der Segellatten werden diese gekennzeichnet, damit beim nächsten Segelanschlagen der richtige Platz ohne Probieren zugeordnet werden kann.

Stehendes und laufendes Gut

Wenn der Mast ins Winterlager kommt, nehmen wir alle Wanten und Stage ab, da sie sonst Korrosions- und Scheuerspuren am Mast hinterlassen. Wantenspanner reinigen wir von Salz und Schmutzablagerungen und fetten sie neu. Wir untersuchen Bolzen und Splinte auf Beschädigungen und tauschen sie gegebenenfalls aus.

Elektrik

Bevor wir unser Boot endgültig einwintern, überprüfen wir die Elektrik, was meistens mit wenig Arbeit verbunden ist. Alle Leitungen kontrollieren wir auf Brüche oder Scheuerstellen. Kabelbefestigungen werden nachgesehen. Bereits angegriffene oder korrosionsverdächtige Kontakte tauschen wir aus. Alle Kontakte wie auch Motoranzeige und Schaltpaneele werden mit einem multifunktionalen Korrosions-Spray (ehemals Kriechöl) eingesprüht. Die Kontakte der Steckverbindungen an Deck werden ebenfalls mit Kriechöl und einem Lappen gesäubert. Anschließend werden die Steckverbindungen mit einem wasserfesten und säurefreien Fett geschützt.

Am besten lagern wir die Bordbatterien zu Hause an einem nicht zu warmen Ort. Die klassischen Blei-Säure-Batterien mit flüssigem Elektrolyt werden noch einmal voll aufgeladen, dann ein- bis zweimal während des Winters nachgeladen. Bleiben die Batterien an Bord, so werden die Polklemmen zur Sicherheit abgenommen. Ihren Ladezustand prüfen wir in regelmäßigen Abständen. Ihren Säurezustand können wir mit einem Säureheber überprüfen. Fehlende Flüssigkeit wird mit destilliertem Wasser aufgefüllt.

Moderne Gel-Batterien, die mit einer gallertartigen Masse als Elektrolyt arbeiten, sind über ihre Lebensdauer wartungsfrei, die Kontrolle des Säurepegels entfällt. Sie haben über die kalte Jahreszeit einen so geringen Spannungsverlust, dass sie mühelos unseren Motor im Frühjahr starten werden.

Sicherer ist es jedoch, und besser für unsere Akkus allemal, auch sie an ein Ladegerät zu hängen, das sie ständig auf volle Kapazität hält. Vom Bordnetz klemmen wir aber ansonsten die Akkus ab. Gel-Batterien überstehen auch Tiefentladungen, jedoch mit automatischen Ladegeräten sind sie nicht einfach wieder aufzuladen. Hier hilft der Trick, indem der Motor mit einer anderen Batterie gestartet und dann über die Lichtmaschine die nötige Startspannung zum Laden der tief entladenen Batterie genutzt wird.

Einwintern des Motors

Eigentlich sollte man die erforderlichen Schritte zur Einwinterung unseres Motors der Betriebsanleitung entnehmen können, jedoch ist oft nicht die gesamte Anlage einschließlich Seewasserkreislauf, Getriebe und Wellenanlage detailliert beschrieben. Deshalb werden hier die erforderlichen Maßnahmen zusammengetragen.
Zunächst entfernen wir mit Wasser und einem mildem Reiniger Salzablagerungen an undichten Schläuchen oder Seewasserpumpen. Bei dieser Reinigung sollten wir dann überdies gleich die Ursachen der Salzablagerungen feststellen und durch Austausch der defekten Dichtungen und Schläuche beseitigen.
Vor dem Einwintern, wenn das Boot noch im Wasser ist, wechseln wir noch einmal das Öl, denn die in altem Öl enthaltenen Verbrennungsrückstände können während der langen Winterpause im Motor Ablagerungen bilden und Korrosion hervorrufen. Bevor das Öl abgepumpt wird, wird der Motor solange laufen gelassen, bis die Betriebstemperatur erreicht ist. Damit stellen wir sicher, dass möglichst viele Ablagerungen und Ruß im Schmieröl gelöst werden. Außerdem ist das Öl dünnflüssiger und lässt sich leichter abpumpen. Bei dem Vorgang des Ölwechsels sollten wir möglichst sauber und vorsichtig arbeiten und trotzdem einige Putzlappen bereithalten, denn das Schmieröl enthält viel Ruß und kann damit im Bootsinneren für schwer entfernbare Flecken sorgen. Zudem hinterlässt jeder vergossene Tropfen Öl einen üblen Geruch. Dann wird der Ölfilter abgeschraubt und durch einen neuen Filter ersetzt.

Beim Einsetzen des Ölfilters am neuen Ölfilter die Gummidichtung und das Gewinde etwas einfetten, damit er sich von Hand gut anziehen lässt und abdichtet.

Zum Einfüllen des frischen Öls ziehen wir den Ölmessstab zuvor heraus, damit die überschüssige Luft entweichen kann. Nach dem etwa ein Dreiviertel der im Handbuch angegebenen Ölmenge mithilfe eines Trichters eingefüllt ist, wird der Stand mit dem Messstab geprüft. Da das frische Öl nur langsam durch den Motor in die Ölwanne fließt, immer ein wenig warten. Auf jeden Fall sollten wir den Motor nicht überfüllen. Bei Erreichen der oberen Marke sind wir mit dem Ölwechsel fertig. Gut verschließen und den Motor nochmals starten und unbelastet einige Minuten laufen lassen. Dabei kontrollieren wir gleich, ob alles öldicht ist. Nachdem der Motor ausgeschaltet ist, wird der Ölstand nochmals festgestellt. Da etwas von dem Öl vom neuen Filter aufgenommen wurde, füllen wir dieses jetzt nach.
Bei einer Zweikreiskühlung mit Wärmetauscher prüfen wir im inneren Wasserkreislauf den Kühlmittelstand und füllen bei Bedarf Frostschutzmittel nach. Falls wir uns nicht sicher sind, ob der Frostschutz ausreichend ist, besser die Kühlmittelflüssigkeit ablassen und mit Frostschutzmittel neu auffüllen. Der Seewasserkreislauf einschließlich Seewasserpumpe, Seewasserfilter und Ölkühler wird vollständig entwässert. Die Seewasserpumpe öffnen und den Impeller heraushebeln. Wenn noch kein Flügel des Impellers beschädigt oder das Material noch nicht brüchig ist, sollten wir ihn als Reserve aufbewahren. Den neuen Impeller setzen wir erst zu Beginn der neuen Saison ein. Der Einsatz vom Seewasserfilter wird gesäubert, eingesetzt und das Filtergehäuse verschlossen. Die Schlauchschellen der zu- und abgehenden Schläuche werden bei der Gelegenheit gleich überprüft.
Der Brennstofffiltereinsatz am Motor wird inspiziert und gegebenenfalls ersetzt. Ist ein Vorfilter mit Wasserabscheider vorhanden, wird auch dieser geöffnet, Wasser abgelassen und der Filtereinsatz erneuert oder gereinigt. Entlüftungsschraube öffnen und mit der Handpumpe Kraftstoff bis zum Austritt hochpumpen und die Verschraubung schließen. Der Getriebeölstand wird kontrolliert und entsprechend des in der Betriebsanleitung

angegebenen Zeitintervalls gegebenenfalls ein Ölwechsel vorgenommen. Für die Optik können wir unseren Bootsmotor mit einem Marinespray einsprühen; allerdings anschließend gut lüften.
Im Winterlager wird das Sieb vor dem Ansaugstutzen des Kühlwassereintritts gründlich von Algen und Schmutz gereinigt.
In Zeitschriften wird heute einiges zum Thema Dieselpilze veröffentlicht, und es werden die verschiedensten Mittel zu ihrer Bekämpfung angeboten. Bei diesen Pilzen handelt es sich um Bakterien, die an den Phasengrenzflächen im Dieselöl enthaltener Wassertropfen wachsen. Wasser bekommen wir überwiegend durch Kondenswasserbildung bei Temperaturschwankungen und nicht gefüllten Tanks in unseren Brennstoff. Wir sollten unser Boot mit gefüllten Tanks einwintern und damit haben wir die beste Vorsorge gegen Dieselpilze getroffen.
Alle Schellen, Bowdenzüge und andere Metallteile der Schaltvorrichtung behandeln wir mit Rostschutzfett oder Konservierungsöl. Verklemmte Schaltvorrichtungen und Bowdenzüge sind ein Albtraum bei jedem Anlegemanöver. Etwas Öl oder Fett bei gleichzeitiger Prüfung der Leichtgängigkeit sollte deshalb auch beim Einwintern des Motors nicht vergessen werden.

Einwintern des Einbau-Benzin-Motors

Wir lassen den Motor warm laufen, bis er seine Betriebstemperatur erreicht hat, und stellen ihn ab. Das Motoröl wird in die Ölwanne entleert oder mit einer Ölpumpe abgesaugt. Jetzt füllen wir spezielles Konservierungsöl ein, bis die untere Marke am Ölpeilstab erreicht ist. Etwas Öl wird zusätzlich in den Vergaser gespritzt.
Dann lassen wir den Motor nochmals unbelastet ca. 5 Minuten bei niedriger Drehzahl laufen, damit sich das Öl zur Konservierung überall gut verteilen kann. Nach dem Aufslippen des Bootes und wenn der Motor wieder abgekühlt ist, werden das Kühlwasser abgelassen und die Ablasshähne geschlossen. Ein Rostschutzmittel für Motoren wird mit ca. 20 l Süßwasser gemischt und zum Einsaugen an die Saugwasserleitung des Motors ange-

schlossen. Dann den Motor im Leerlauf so lange laufen lassen, bis die gesamte Mischung aus dem Behälter abgesaugt ist. Anschließend wird das Rostschutzgemisch wieder abgelassen. Das gesamte Kühlsystem ist jetzt mit einem schützenden Ölfilm überzogen.
Die Zündkerzen werden entfernt und durch die Kerzenöffnung in jeden Zylinder ca. 30 cm^3 Korrosionsschutzöl gegossen. Den Motor drehen wir dann von Hand oder mit dem Anlasser einige Male durch, bis Zylinderwandungen, Kolbenringe und Ventilführungen gut eingeölt sind. Dann werden die Zündkerzen wieder eingeschraubt.
Der Ventildeckel wird hochgenommen und alle Spuren von Kondensation und Rost entfernt. Ventilfedern, Kipphebel und die Innenseite des Ventildeckels werden mit Korrosionsschutzöl eingesprüht.
Zum Abschluss den Motor von außen mit einem Sprühmittel reinigen und dann mit einem feuchtigkeitabweisenden Spray behandeln.
Weitere Wartungshinweise oder spezielle Anordnungen sollten dem jeweiligen Betriebshandbuch entnommen werden.

Einwintern des Außenbordmotors

Wurde der Motor zuletzt in Salz- oder Brackwasser eingesetzt, so müssen wir ihn für kurze Zeit in Süßwasser laufen lassen, damit alle Salzrückstände in der Kühlanlage herausgespült werden. Gibt es eine Möglichkeit, den Motor für dieses Durchlaufen in ein Becken oder einen Behälter zu hängen, kann dem Süßwasser ein korrosionslösender Emulsionszusatz beigemischt werden. Er reinigt dann die Wasserpumpe und alle Wasserumlaufkanäle besser. Während der Motor läuft, nehmen wir die Haube bzw. die Verkleidung ab, ziehen den Kraftstoffschlauch ab, entfernen den Ansaugfilter und spritzen mit einer Ölkanne ein Konservierungsöl in die Lufteinlassöffnung des Vergasers ein. Während die im Sommer benutzten Motoröle vor allem den mechanischen Verschleiß des Motors schützen, ist dieses Konservierungsmittel speziell als Korrosionsschutzöl für chemischen Verschleiß hergestellt. Die Ölmenge ist von der Zylinderzahl abhängig, man benötigt ca. 50 g pro Zylin-

der. Zum Schluss steigern wir die Ölmenge, bis der Motor im Öl ertränkt ist. Auf diese Weise bildet sich ein Schutzfilm aus Öl im Motorenraum, an der Kurbelwelle, am Nadellager, an den Zylinderwänden, an den Zylinderkopfringen und überall, wo ein chemischer Verschleiß gefährlich werden könnte. Anstelle der oben genannten Behandlung oder, wenn man ganz gründlich sein will, kann zusätzlich auch ca. 50 g Korrosionsschutzöl durch die Kerzenöffnung in die Zylinder gegossen und der Motor einige Male von Hand durchgedreht werden. Hierbei werden zwar Zylinder und Kolben gut konserviert, das Kurbelgehäuse mit Kurbelwellenlagerung aber weniger.
Jetzt wird der Motor vom Spiegel abgenommen bzw. aus dem Becken herausgehoben und senkrecht aufgestellt oder angehängt. Bei zurückgestelltem Gashebel den Motor mit dem Handstarter kurz durchdrehen, um die Wasserpumpe vom Wasser zu befreien. Auch die Kühlwasserleitung wird so trocken. Schwimmerkammer des Vergasers und die übrige Kraftstoffanlage vom restlichen Kraftstoff entleeren. Propeller abnehmen und Propellerwelle mit Scherstiften und Muttern säubern und einfetten.
Anschließend wird der Motor von außen gereinigt. Lackschäden können mit einer Farbsprühdose nach entsprechender Grundierung beseitigt werden. Der Farbüberzug wird zwar nicht so dauerhaft wie die fabrikmäßige Einbrennlackierung, aber sie schützt vor Korrosion im nächsten Jahr. Zur Einwinterung hängen wir den Motor in einem trockenen, frostfreien und gut durchlüfteten Raum senkrecht auf. Kraftstofftanks und Kraftstoffschläuche werden entleert, denn besonders Zweitaktgemische bilden bei langer Lagerung unangenehme Rückstände.

Auch Bilgereinigung ist wichtig!

Während der Segelsaison sammelt sich einiges in der tiefsten Stelle des Bootes an. Wir räumen alles heraus und reinigen gründlich. Falls sich Öl angesammelt hat, helfen Ölaufsaugtücher oder -kissen. Sie nehmen das Öl, aber kein Wasser auf, und müssen wie Altöl entsorgt werden. Bei älteren Booten, bei denen sich häufiger Öl, Wasser und Schlick angesammelt haben, empfiehlt sich eine gründliche Bilgenreinigung mit einem speziellen Bilgenreinigungsmittel.

Gegen Fäulnisgeruch aus der Bilge hilft Wurzelteer, wenn wir den Geruch alter Segelschiffe sehr mögen.

Mit diesem Mittel tränken wir einfach ein kleines Tauwerksende und deponieren es an einer unauffälligen Stelle unter den Bodenbrettern. Es kann mit wenig Wurzelteer auch ein Bodenbrett von unten gestrichen werden.

Tanks entleeren und prüfen

Die Dieseltanks sollten vor dem Einwintern randvoll gefüllt sein, dann ist die Möglichkeit, dass sich Kondenswasser im Tank bildet, nur gering. Benzintanks werden, bevor unser Boot in die Winterlagerhalle zu den anderen Booten geschoben wird, zur Sicherheit vollständig entleert und entlüftet, denn bekanntlich sind Benzindämpfe die gefährlichsten Brandursachen.
Unser Fäkalientank erhält vor der Einwinterung eine gründliche Spülung mit Süßwasser, damit sich keine Korrosionsschäden unter abgelagertem Salz oder Fäkalien bilden können.
Um der Entstehung von brackigem Frischwasser vorzubeugen, können wir in unseren Wassertank einen flüssigen Tankreiniger hineinfüllen. Dieses Mittel beseitigt die im Wassersystem während der Saison gebildeten Algen, Bakterien und Schlieren und desinfiziert den Tank. Nach einigen Stunden der Einwirkzeit des Reinigers wird der gesamte Inhalt aus dem System entleert.

Zur Reinigung eignet sich ebenso ein Zahnprothesenpflegemittel. Nach der Anwendung in dem Wassersystem sind alle Schläuche und Tanks blitzblank.

Während der Einwirkzeit kontrollieren wir gleich noch alle Schlauchverbindungen auf Dichtigkeit.
Da wir meistens unsere Wasserschläuche nicht restlos entleeren können, beugen wir dem Algenwachstum im Winter vor, indem wir eine Flasche Alko-

hol nach dem Auspumpen einfüllen; vorzüglich geeignet ist 50%iger Rum. Kurz angepumpt – und alle Schläuche sind gefüllt und gut präpariert. Es kann alternativ auch ein lebensmittelechtes Frostschutzmittel verwendet werden.

Da über den Winter vieles an bereits geleisteter Arbeit im Detail in Vergessenheit geraten kann, bringen wir kleine Schilder oder Aufkleber an: Motorenöl oder Wasser abgelassen, Tank entleert oder Teile gelöst und abgebaut.

So wissen wir bei Inbetriebnahme des Bootes im nächsten Frühjahr wieder genau Bescheid.

Überwintern im Wasser

Möchten wir noch einmal zur Adventszeit unserem Traumhobby frönen oder die zu kurze Segelsaison verlängern, bietet sich eine Überwinterung im Wasser an. Auch ist diese Variante oft preiswerter als ein Stellplatz an Land oder gar in einer Halle. Für Holzboote ist es sicher von Vorteil, da es im Wasser liegend nicht austrocknet.
Voraussetzung für das Überwintern ist jedoch ein sicherer Liegeplatz! Wenig geeignet sind Häfen mit starkem Tidenhub oder bei Winterstürmen ungeschützte Häfen. Am Anleger müssen starke Poller, Klampen oder Augen vorhanden sein. Günstig sind schließlich Sprudelanlagen, die die Pfähle und Steganlage und somit auch unser Boot vor starker Eisbildung schützen. Wenn ferner im Winter ein Stromanschluss liegt, können wir gut unsere Batterie laden und uns auch bei kleinen Arbeiten mit dem Heizlüfter ein wenig Wärme verschaffen.
Es ist ratsam, starke Winterleinen auszubringen. Sie sollten möglichst aus elastischem Tauwerk bestehen. Bei wenig geschützten Häfen erweisen sich Ruckdämpfer aus Gummi oder Metall als praktisch. Zusätzliche Springs sind insbesondere in Häfen bei starken Wasserstandsschwankungen wichtig. Je länger wir unsere Spring setzen, desto größer ist ihre Federwirkung.

Alle Festmacher schützen wir sorgfältig vor dem Schamfilen mit einem Stück hartem Schlauch, der gegen Verrutschen mit einem kleinen Bändsel gesichert wird.

Falls kein Schlauch vorhanden ist, hilft auch ein Stück altes Segeltuch, das wir um die Leine wickeln und an beiden Enden festbändseln. Trotzdem bleibt es nicht aus, dass wir uns regelmäßig um unser Boot kümmern und die Festmacher überprüfen müssen.
Bleibt das Boot im Wasser, schützen wir unsere Toilette, Pumpe und Ventile gegen Vereisung mit Frostschutzmittel. Dazu wird die Toilettenschüssel zunächst etwa zu einem Viertel mit dem Frostschutzmittel gefüllt und dann bis auf einen kleinen Rest leer gepumpt. Somit befindet sich dann auch in der Pumpe und den Schläuchen und Ventilen genügend Schutzmittel gegen das Einfrieren.
Ist unsere Wellenanlage mit einer Gleitringdichtung ausgerüstet, besteht die Gefahr eines unkontrollierten Wassereinbruchs, wenn eine eingefrorene Gleitringdichtung auftaut: Das sich ausdehnende Eis hat den Gleitring von seiner Gleitfläche gedrückt. Und da das Auftauen nie gleichmäßig erfolgt, ist eindringendes Wasser nicht zu vermeiden. Gleitringdichtungen neuer Bauart sind deshalb mit einem Spannring ausgestattet. Mit diesem wird eine

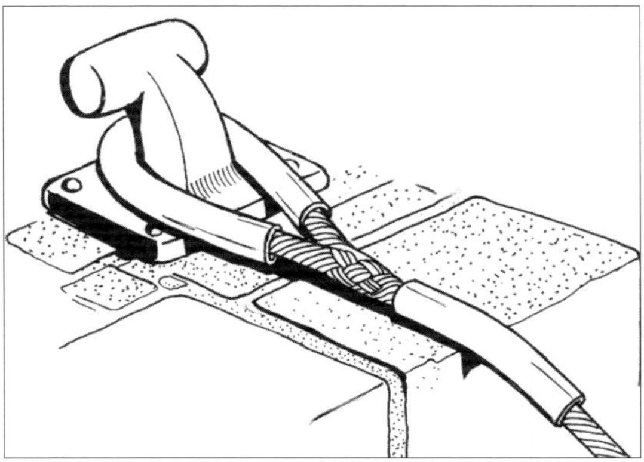

Festmacherschutz

Gummimuffe ähnlich einer Schlauchverbindung mit Schelle fest auf die Welle gepresst. Damit wir im Frühjahr nicht vergessen, diese Verbindung wieder zu lösen, empfiehlt sich die Anbringung eines Hinweisschildes, günstig am Zündschloss des Motors.
Aus den Tanks und den Wasserpumpen, gleichermaßen aus einer installierten Deckwaschpumpe, wird alles Wasser entfernt.
Wird diese Art der Überwinterung gewählt, eignet sich ein Heizlüfter ideal für die Luftumwälzung. Er dient weniger der Wärmeproduktion, kann aber wirkungsvoll gegen die Bildung von Kondensfeuchtigkeit, Korrosion, Schimmelbildung, Fäulnis und muffigem Geruch eingesetzt werden, wobei die untere Heizstufe ausreichend ist. In der Kajüte hat sich der Einsatz eines Luftentfeuchters bewährt. Dazu gibt es im Handel ein spezielles Granulat, das die Feuchtigkeit bindet.

Gegen Spak und Feuchtigkeit während der Überwinterung erfüllt auch ein Teller mit Salz seinen Zweck, der einfach auf die Back oder in den Pantrybereich gestellt wird.

Für GFK-Boote kann allerdings große Kälte, wie wir sie in den letzten Jahren an unseren Küsten hatten, zum Problem werden. Wenn Eisschollen gegen die durch Kälte recht spröde gewordene Außenhaut stoßen, entstehen feine Risse, durch die Feuchtigkeit ins Laminat gelangt. Um dies zu verhindern, sollte das Unterwasserschiff sorgfältig grundiert und das Überwasserschiff gut gewachst sein. Am besten und sichersten ist es jedoch, man bevorzugt das Überwintern an Land. Denn selbst bei dem vorhergesagten Temperaturanstieg infolge des Treibhauseffektes (Achtung: Autorin ist vom Fach – Irrtum ausgeschlossen!) wird es noch kalte Winter mit Eisgang geben!

Überwintern an Land mit oder ohne Mast

Für uns Bootseigner ist es die beste Lösung und auch die billigste zugleich, wenn wir das Boot in einem Garten abstellen können. Stets können wir uns dann kümmern und die wenigen Stunden mit idealem Wetter für die Früh-

jahrsüberholung sofort nutzen. Allerdings ist hier die Schiffsgröße ausschlaggebend. Boote, die für lange Transporte zu groß sind, überwintern auf dem Bootslagerplatz der Marina oder des Hafens. Eine Unterbringung in der Halle bietet eine sichere und wetterunabhängige, aber vermutlich auch die teuerste Art der Lagerung.
Für die Überholungsarbeiten schaffen wir uns die geeignete Umgebung. Die Wochenenden vor dem Abslippen gehören den Lackier- und Streicharbeiten. Wir sollten es einplanen, damit auch wir mit den Staub erzeugenden Schleifarbeiten termingerecht fertig sind, wenn es dann heißt: »Staubfreie Halle!«
Bevor wir mit dem Lackieren oder Streichen beginnen, werden wir unsere Umgebung gründlich von Staub und Schmutz befreien. Dachbalken und Boden werden ordentlich gefegt; der restliche Feinstaub auf dem Boden kann durch Wasserversprühen gebunden werden. Ein offener Schuppen direkt vor dem Boot wird mit einer Plane zugehangen, damit kein Luftzug entsteht, der Staub auf die Lackflächen mit sich bringt. Mit dem richtigen Ausleuchten der zu bearbeitenden Flächen werden wir unser Boot hervorragend überholen können.

Mastlegen

Das Mastlegen ist mit einer Jütt kein Problem. Diese – senkrecht von vorne in einen entsprechenden Beschlag am Mast gesteckt, etwa in die Nähe des Drehpunktes – bewirkt, dass der Winkel zwischen Mast und Vorstag groß genug bleibt. Die Jütt reicht bis über den Vorstevenbeschlag. An der Nock der Jütt wird nach unten eine lange Talje und nach oben das Vorstag oder ein starkes Fall angeschlagen. Dann wird die Jütt mit dem Mast vorsichtig gefiert, am besten dazu die lose Part der Talje auf eine Winsch führen. Problematisch kann es werden, wenn der Mast zur Seite schwenkt und den Mastkoker verbiegt. Deshalb sollten wir dafür sorgen, das der Mast seitlich nicht ausschert. Bei leichten Masten kann ein Crewmitglied dies durch seitliches Führen und Festhalten verhindern.

Verlängern wir die Püttings der Oberwanten exakt bis zur Höhe des Drehpunktes des Mastes, so bleiben alle Neigungswinkel des Mastes durchgesetzt und verhindern ein seitliches Auswandern.

Bei höheren und schweren Masten bewährt sich besser eine doppelte Jütt in Form eines A-Baumes, die an den vorderen Backbord- und Steuerbord-Püttingen angeschlagen wird. Wir benutzen dafür mit Erfolg unsere Spinnakerbäume, die mit einem Spezialbeschlag in die Püttinge der achteren Unterwanten eingeklinkt werden. Die beiden Baumnocken werden entweder vorne zusammengeschäkelt oder sind ebenfalls in einen Beschlag als homogenes Bauteil vorne zusammengebracht.

Mastlegen mit einer Jütt

Damit der Mast aus der Spur beim Legen frei schwingen kann, muss er einseitig entsprechend dem Radius vom Mastbolzen abgerundet sein. Eine andere Möglichkeit ist, den Mastbolzen exzentrisch im Koker zu lagern. Dieses Prinzip hat sich bei uns gut bewährt und wir heben an einem am Bolzen angefrästen Vierkant den Mast aus der Spur. So kann er beim Legen frei schwingen und beim Segeln fest und sicher in seiner Mastspur stehen.

Bei Schiffen mit weit achtern stehendem Mast wird der Baum nach vorne geklappt. Als Jütt wird bevorzugt der Großbaum benutzt. Können zwei Talgen weit auseinander angeschlagen werden, erübrigt sich die doppelte Jütt.

Zur Winterlagerung unseres Mastes nehmen wir das stehende Gut vom Mast ab, um Schäden durch Elektrolyse oder Scheuerstellen zu verhindern. Der Mast wird trocken und gut belüftet gelagert. Eine gute Möglichkeit ist die Lagerung an Deck unter der Plane oder in die eigens dafür vorgesehene Mastenhalle. Auf keinen Fall sollten wir ihn fest in Plastikfolie eingepackt, ohne Luftzirkulation lagern. Unter so einer Folie kann das im Winter gebildete Kondenswasser nicht abtrocknen, und der Mast würde dauerhaft im Feuchten liegen.

Kranen und Aufpallen

Wenn wir unser Boot immer am gleichen Platz unseres Heimathafens aus dem Wasser nehmen, wissen wir mit der Zeit genau, wie es dazu auf dem Slipwagen stehen oder richtig im Kran hängen muss. Müssen wir jedoch anderswo aufslippen oder kranen, können wir dem fremden Personal nicht deutlich genug zeigen, wo die Heißgurte anliegen müssen oder der Kielunterbau gelegt werden soll, damit das Boot sicher hängt oder steht.

Einfache kleine Farbmarkierungen oder Aufkleber in Kontrastfarben zum Überwasserschiff oder Wasserpass, die Uneingeweihten gar nicht auffallen, können für das Kranen sehr hilfreich sein.

Auf der Decksumrandung und dicht unter der Scheuerleiste zeigen sie an, wo die Gurte liegen müssen, damit das Boot im Kran immer waagerecht hängt. Markierungen in Höhe der Wasserlinie zeigen, in welchem Bereich die Kielflosse beim Aufslippen sicher aufliegen muss, deuten die verletzliche Wellendurchbrechung des Unterwasserschiffs an und kennzeichnen die Position von Lot-Geber und Log-Impeller, auf die wir beim Umgang mit den Gurten ebenfalls zu achten haben.

Zum Aufpallen unseres Bootes mit Pallhölzern benötigt man nicht nur viel Zeit, sondern wir tragen auch das Risiko, dass unser Boot umfallen kann. Die Stützen können wegrutschen oder durch Unachtsamkeit anderer umgesto-

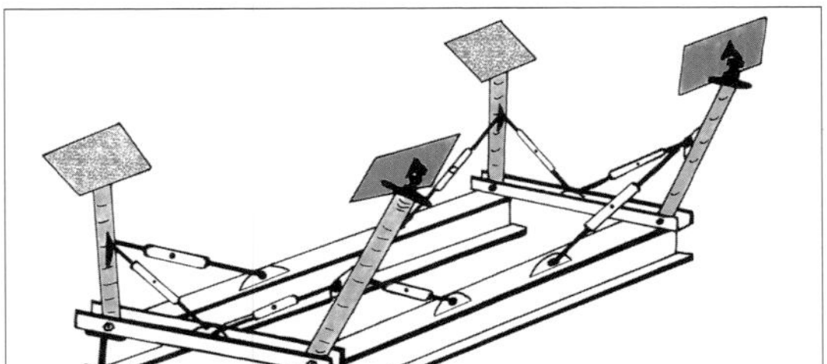

Fester Lagerbock für das Einwintern unseres Bootes

ßen werden. Deshalb sollten wir einen festen Lagerbock bevorzugen, der aus Stahlprofilen zusammengeschweißt ist. Wenn wir zusätzlich dem Kiel noch einen ganz genauen Platz schaffen, reichen vier starre Stützen aus. Mit Gewindespindeln, wie sie der Tiefbau benutzt, können wir uns verstellbare Seitenstützen schaffen. Bei ihrer Benutzung sollte der untere Befestigungspunkt drehbar sein. Außerdem werden wir die Querstreben in Längs- und Querschiffsrichtung mit Spannschrauben ausstatten, damit ihre Länge verändert werden kann.

Abdecken mit der Plane

Um unser Boot gegen Nässe und Regen, aber auch gegen sonstige Umwelteinflüsse und Verschmutzung zu schützen, decken wir unser Boot im Winterlager mit einer Persenning ab.
Unsere Winterplane ist drei wesentlichen schädlichen Einflüssen ausgesetzt:
- Wind, der an der Plane zerrt und zu Scheuerstellen sowohl am Boot als auch an der Plane führt
- Regen und Schnee, der dazu mit seinem Eigengewicht die Plane belastet
- Kondenswasser, das sich an der Planeninnenseite bildet.

Ein guter Schnitt der Plane und eine richtige Abspannung sind Voraussetzung für einen effektiven Schutz gegen die genannten Einflussfaktoren. Durch eine höhere Anzahl an Ösen lässt sich die Plane sicher und fest abspannen und die Belastung auf der einzelnen Öse vermindern, was eine längere Haltbarkeit der recht kostenaufwendigen Abdeckung mit sich bringt. Natürlich müssen wir auch hier wieder für ausreichende Luftzirkulation innerhalb der abgedeckten Bootsteile sorgen und das längere Stehen von Wasser und Feuchtigkeit auf der Persenning verhindern, da es sonst zu Stockflecken oder Schimmelbildung kommt. Für eine gute Durchlüftung lassen wir vorn und achtern Luftlöcher. Ebenso sollte die Winterplane möglichst nach unten offen bleiben, damit das gebildete Kondenswasser auf der Innenseite der Plane gut abfließen kann und ein Anreichern von Feuchtigkeit im abgedeckten Bereich vermieden wird. Wir folgen dem Motto, besser Schimmel gleich vermeiden, als ihn später zu bekämpfen.

Persenninge oder das zu Befestigung dienende Tauwerk können leicht scheuern, zudem auf Kunstoffoberflächen, die wir mit normalem Polieren im Frühjahr nur schlecht wieder beseitigen können. Deshalb werden wir die Winterplane gegen Verrutschen und Scheuern festzurren und gut sichern. Aber auf keinen Fall wird die Plane an den tragenden Stützen des Bootgestells oder der Pallhölzer befestigt.
Nach Stürmen oder Starkwind vergewissern wir uns, ob die Befestigung der Persenning zu unserer Zufriedenheit gehalten hat. Um unsere Plane vor unnötigen Belastungen zu schützen und um Scheuerstellen zu vermeiden, legen wir über vorstehende Bootsteile wie Bug- und Heckkorb, Reling sowie über den auf dem Deck befindlichen Mast mit seinen zahlreichen Beschlägen am besten Teppichreste oder Schaumstoff.
Eine Persenning sollte nicht an dem Bootsrumpf oder der Außenhaut anliegen, denn besonders an einem warmen Frühlingstag wird auf dem noch kalten Boot Kondensfeuchte gebildet. Da es sich hierbei um destilliertes Wasser handelt, ist die Gelcoatschicht Osmosegefährdet.

Mögliche Winterplane

Auch bei einem Winterlager in der Halle sind Persenninge als Staubschutz sinnvoll.

Bei einer Lagerung im Freien kann es nach Schneefall zu starken Belastungen auf der Plane, aber zusätzlich auf Masten und Stützen kommen. Besonders bei nassem Firnschnee kann sich das Schneegewicht gegenüber frisch gefallenem Lockerschnee verzehnfachen. Von diesen Lasten müssen wir unser Boot möglichst rasch befreien und gleichzeitig prüfen, ob die Lenzabläufe nicht verstopft sind und das Schmelzwasser sich nicht etwa seinen eigenen Weg sucht, womöglich ins Bootsinnere.
Beispiele guter Persenninge und Abspannungen gibt die Abbildung.

Mit gewarteter Ausrüstung ins Winterlager

Wartung der Bordwinschen

Zur regelmäßigen Pflege unserer Bordwinschen gehört, dass wir sie nach einem harten Segeltörn gut mit Süßwasser abspülen. Leider verharzen mit der Zeit die alten Schmiermittel, die die Sperrklinken festhalten. Wenn es dann noch aus dem Inneren der Winsch rasselnd klingt und das Einrastgeräusch der Sperrklinken ungleichmäßig ist, wird eine Wartung fällig. Erfolgt diese vor der Einwinterung, hat es den Vorteil, dass die korrosionsverursachenden Salzablagerungen und Dreck noch vor der längeren Ruhephase beseitigt werden, um einem fortschreitenden Verschleiß vorzubeugen. Für die korrekte Wartung, die je nach Belastung und Einsatz etwa alle 2 bis 3 Jahre erfolgen sollte, ist die Winsch komplett auseinander zu nehmen und zu reinigen. Alle beweglichen Teile sind neu zu fetten und wieder zusammenzusetzen. Nur keine Angst, denn die modernen Winschen sind für die Wartung mit wenigen Handgriffen zu zerlegen. Einige grundsätzliche Elemente der Technik werden hier aufgeführt, alle weiteren sollten aus der umfangreichen Wartungsanleitung der Hersteller entnommen werden. Falls keine passende Anleitung der Winsch an Bord existiert, sollten wir erst eine Winsch auseinander nehmen, damit beim Zusammensetzen notfalls die zweite als baugleiche Vorlage dienen kann.

Beim Auseinander-Nehmen legen wir die Einzelteile sorgfältig und in der richtigen Reihenfolge ab, dann vereinfacht sich der anschließende Zusammenbau. Zunächst wird die Winschtrommel demontiert, wozu in den meisten Fällen ein Sprengring gelöst werden muss. Nachdem die Trommel vorsichtig abgehoben wurde, können Walzenlager und Gleitringe vom Fuß abgezogen werden. Zur Sicherheit sollten wir bei der Arbeit immer zwischen Reling und Winsch stehen, damit keine Einzelteile über Bord gehen können.

Altes verharztes Fett in der Winsch lässt sich gründlich mit Petroleum und einem Pinsel oder einer ausrangierten Zahnbürste beseitigen.

Sind alle Teile mit Petroleum gereinigt und mit Haushaltspapier getrocknet, untersuchen wir penibel alle Teile auf Verschleißspuren oder Schäden. Einwandfreie Sperrklinkenfedern und die Sperrklinken sind für die Winschenfunktion wichtig und sollten deshalb auch als Reserve an Bord vorrätig sein. Dann werden mit einem speziellen hochwertigen Winschenfett alle Lager, die Klinkenrezesse und Verzahnungen eingefettet. Winschenfett sollte harzfrei, wasserabweisend, seewasserfest, temperaturbeständig, haftfähig und von einer eher geringen Viskosität sein. Gut bewährt hat sich teflonhaltiges Fett.

Mit Fett gehen wir bei Winschen sparsam um, denn zu viel Fett erhöht die Reibung in den Lagern und beeinträchtigt die Beweglichkeit der Kleinteile.

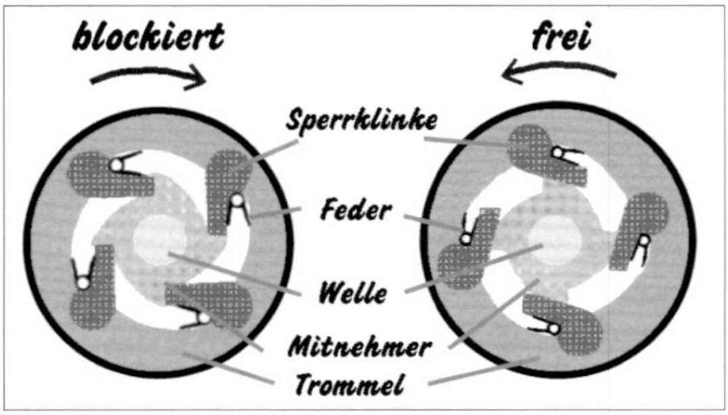

Sperrklinken der Winsch

Die Sperrklinken erhalten nur einen hauchdünnen Fettfilm in ihrem abgerundeten Teil sowie an Außenflächen und Stirnseite. Auch die Trommel wird von innen gereinigt, getrocknet und gefettet. Zum Einfetten benutzen wir am besten den Finger, der sensibel die Schichtdicke des Fettfilms fühlen kann. Beim Zusammenbau ist besonders auf das richtige Einsetzen der Sperrklinken zu achten. Dazu stellen wir uns vor, wie die Zahnräder laufen müssen, dann ergibt sich das Einsetzen von selbst! Einfach wird das Montieren, wenn wir die Sperrklinken zunächst nur halb einsetzen, die Feder zusammendrücken und dann die Klinken ganz einsetzen.

Ankerkette

Ein neues Verzinken der Ankerkette ist immer problematisch, weil niemals alle Stellen erreicht werden, an denen die Kettenglieder aneinander stoßen. Zudem muss eine Verzinkerei gefunden werden, die sich im Verzinken von Ketten auskennt. Sonst haben wir anschließend einen verzinkten Eisenklumpen, der sich nur mühsam mit Hammer und Feile lösen lässt. Außerdem hindert der Zinkbelag daran, mögliche Schadstellen an den Kettengliedern bei einer optischen Prüfung zu erkennen. Wir haben es uns daher abgewöhnt, unsere Ankerkette nach Ablauf von Jahresfristen neu zum Verzinken zu bringen und behandeln sie seither nur mit einem wirksamen Zinkanstrich.

Die entsprechenden Kettenlängen einer neuen oder frisch gestrichenen Ankerkette markieren wir mit auffallenden Farben, um beim Ankermanöver Ankerkette angemessen der Wassertiefe zu stecken.

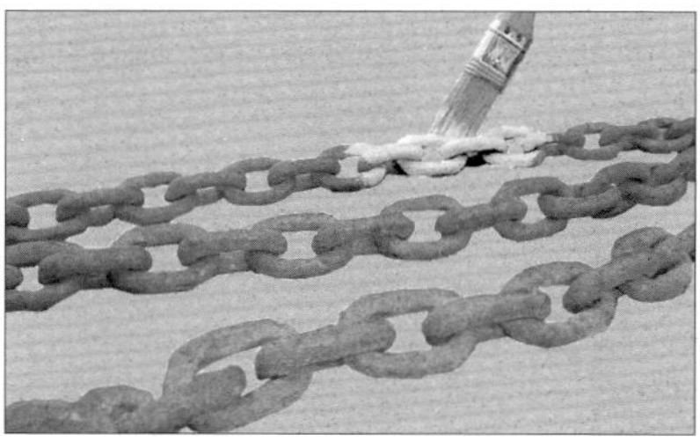

Kettenlängen markieren

Beispielsweise kann die gut erkennbare Markierung in roter und weißer Farbe wie folgt sein: ein Kettenglied weiß angemalt = 5 m Kettenlänge; zwei Kettenglieder rot angemalt = 10 m Kettenlänge; drei Kettenglieder weiß = 15 m, 4 Kettenglieder rot = 20 m usw. Da auch die beiden angrenzenden Kettenglieder je zur

Hälfte notgedrungen mit angemalt werden, sind die entstehenden Farbkleckse sichtbar genug. Falls sich keine Ankerwinsch an Bord befindet, können statt der Markierung mit Farbe ebenso farbige dünne Leinenenden als Längenkennzeichnung eingebunden werden.

Das Ende der Kette wird im Ankerkasten festgeschäkelt, damit es im Notfall nicht ausrauscht und wir Anker mit Kette verlieren, sich aber bei Gefahr lösen lässt.

Bei der Überprüfung des Ankergeschirrs achten wir sorgfältig auf den Ankerwirbel, da Schäden am Bolzen nicht auf den ersten Blick erkannt werden. Die Entwässerung des Ankerkastens sollte frei von Schmutz sein, damit Wasser dort nicht stehen bleibt. Die Ankerwinsch wird dann gefettet. Auch inspizieren wir die Kabelanschlüsse einer elektrischen Winsch, die nicht korrodiert sein dürfen.

Schlauchboot

Wir vergessen natürlich nicht, auch unser Schlauchboot, das vom letzten Einsatz mehr oder weniger ungereinigt in der Backskiste verschwand, gründlich zu reinigen und zu trocknen. Vor dem Zusammenlegen inspizieren wir die Oberfläche hinsichtlich Leckagen oder Scheuerstellen. Beschädigungen können wir jetzt einfacher reparieren als vielleicht während eines Törns in einer herrlichen Ankerbucht. Die Gewinde der Ventilverschlüsse werden mit Vaseline eingerieben, so dass sie dicht sind. Falls unser Schlauchboot einen festen Holzboden besitzt, werden wir die Bodenbretter ölen oder lackieren, damit sie keine Feuchtigkeit aufnehmen können. Insbesondere die Kanten von Sperrholzbrettern sind mit Lack zu versiegeln. Die Dollen fetten wir leicht ein, damit sie beim nächsten Pullen nicht quietschen.

In der Kajüte

Einige GFK-Boote sind innen unter Deck mit Teppichboden beklebt, was gleichermaßen wärmedämmend und geräuschisolierend wirkt. Ist das Boot bereits einige Jahre in Betrieb, so bleibt auch eine allmähliche Verschmutzung dieses Bereiches nicht aus. Zur Säuberung hat sich ein übliches Pols-

terreinigungsmittel bewährt, das mit einem Schwamm mit nur wenig Wasser auf den Teppich aufgetragen und nach der Trocknung mitsamt dem gebundenen Schmutz gut abgesaugt wird.
Auch ist die Entstehung von Flecken nicht vermeidbar, insbesondere im Bereich der Pantry. Reagieren wir sofort mit Küchen- oder Toilettenpapier, kann der frische Fleck ausgedrückt werden.

Reibe niemals an frischen Nassflecken auf dem Teppich, da dies den Schaden nur vergrößert.

Ist der Fleck trocken, versuchen wir ihn nicht mit Wasser, sondern mit einem Schaumreiniger zu entfernen. Bevor wir irgendein Lösungsmittel oder eine Verdünnung einsetzen, testen wir die Farbempfindlichkeit des Teppichs an einer nicht sichtbaren Stelle. Denn leicht lässt sich ein Teppich-Kunststoff-Flor mit solchen Mitteln an- oder auflösen. Kennen wir die Herkunft des Flecks, sind normale Fleckentferner aus dem Haushalt empfehlenswert.

Für die Fleckentfernung auf Teppichböden hat sich auch Glasrein, ein Mittel zum Fensterputzen, bewährt.

Zur Reinigung des Holzes in der Kajüte können wir die Oberflächen mit Möbelpolitur abreiben, damit werden Staub und anhaftendes Salz effektiv entfernt.

Soll dunkles Holz wieder glänzen, können wir es mit einer Mischung aus zwei Teilen Rotwein und einem Teil Speiseöl einreiben.

Möchten wir unsere Kajüte jedoch erneuern, werden wir die Holzeinrichtung neu lackieren. Dazu kann bereits jetzt mit den Schleifarbeiten begonnen werden. Unter den klimatischen Bedingungen auf unseren Booten neigen Schubkästen und Schiebetüren, bei denen Holz auf Holz gleitet, zur Schwergängigkeit. Fette und Öle helfen hier nicht.

Abhilfe schafft hier ganz normaler Wachs der Haushaltskerzen. Dazu nehmen wir einen Kerzenstummel und reiben diesen leicht an den belasteten Holzflächen, bis sich ein dünner, kaum sichtbarer Wachsfilm bildet.

Gut geeignet und billig ist auch Schaffett aus der Apotheke. Es hilft sogar hervorragend gegen knarrende Bodenbretter, wenn das Fett dünn auf die Holzkanten aufgetragen wird.
Nachdem alle nicht an Bord verbleibenden Sachen ausgeräumt sind, können wir die leeren Fächer mit verdünnter Essigsäure auswischen, um Schimmel und schlechtem Geruch vorzubeugen. Vor Beginn des Winterschlafes werden noch alle Schapps und Türen geöffnet, damit die Luft im Boot gut zirkulieren kann und sich keine Feuchtigkeit in den Fächern und Schränken anstaut.

Um einer spakigen Kajüte vorzubeugen, stellen wir während der Wintersaison eine offene Schüssel mit Salz auf die Back.

Natürlich können hier auch handelsübliche Raum-Entfeuchter oder regenerierbare Trockenmittel eingesetzt werden.

Polster

Wenn wir größere Überholungsarbeiten in der Kajüte während der Winterlagerung vornehmen möchten, werden alle Polster aus dem Boot entfernt und im Haus oder auf dem Dachboden trocken gelagert. Bleiben die Polster an Bord, stellen wir sie hochkant, damit gleichermaßen die Unterseite und darunter liegende Fächer gut auslüften können. Sind sie arg verschmutzt, können wir sie mit einem Polstermittel abreiben und anschließend gründlich saugen. Auch Ausklopfen mit einem Teppichklopfer auf dem Steg hilft, damit sie wieder frisch aussehen. Auf jeden Fall sollten wir sie aber gut trocknen! Wurde zum Abschluss der Saison ein Törn bei rauem Wetter gesegelt, bei dem viel Feuchtigkeit ins Schiffsinnere gelangte, sollten wir die Polster erst mit einem feuchten Lappen abreiben, um das Salzwasser zu entfernen. Bei dieser Gelegenheit sollten wir uns über die mangelhafte Belüftung unter den Kojenpolstern Gedanken machen, die die Bildung von Kondenswasser bewirkt und Stockflecken und muffigen Geruch hervorruft. Abhilfe kann ein der Koje angepasster Lattenrost schaffen, was meist mit größeren Umbauten verbunden ist. Einfacher ist es, eine Isolierschicht aus Kunststoffschaum oder eine Isoliermatte aus dem Campingbedarf zu verwenden, die mit einer Schere auf das Kojenmaß zuschnitten wird. Diese geschlossenporige Isoliermatte nimmt kaum Feuchtigkeit auf und verhindert den Wärmefluss zwischen Polster und Unterlage und damit die Bildung von Kondenswasser.

Kocher

Die Gasflasche wird in jedem Fall mit von Bord genommen. Zur neuen Saison bringen wir gleich eine neu gefüllte Flasche an Bord, damit bereits beim ersten Frühjahrstörn die Kombüse funktioniert.

Toilette

Die Pumptoilette wird mit einem handelsüblichen WC-Reiniger gereinigt und gut durchgespült. Da Pump-WCs nach kurzer Zeit zur Schwergängigkeit neigen, schmieren wir vorsorglich das Innenleben mit einem speziellen WC-Öl. Davon wird ein Esslöffel ins Toilettenbecken gegeben, dann einige Male durchgespült und über Nacht ist wieder die Leichtgängigkeit der ersten Tage eingekehrt. Dieses spezielle Öl hat gegenüber herkömmlichem Küchenöl den Vorteil, dass es sich mit Wasser verbindet. Es entfernt Salzablagerungen, pflegt die Pumpventile und schmiert die Kolbenstange. Dichtungsringe und Ventile sind ungefähr alle drei Jahre zu erneuern.

Cola entfernt nicht nur den Rost auf Muttern, sondern macht auch unsere Toilette wieder blitzblank. Über Nacht lassen wir die braune Flüssigkeit in der Toilette stehen und pumpen am nächsten Tag ab.

Kühlschrank

Der Kühlschrank bzw. die Kühlbox wird gründlich mit Frischwasser ausgewaschen. Wir wischen anschließend mit Essig oder verdünnter Essigsäure nach, um einen frischen Geruch zu erhalten. Den Kompressor entstauben wir mithilfe eines Staubsaugers.

Verkalkte Wasserkessel lassen sich gut mit Essigsäure reinigen. Rascher löst sich der Kalk, wenn die Flüssigkeit auf dem Kocher zusätzlich warm gemacht wird.

Petroleumlampen

Petroleumlicht gibt dem Bordleben eine romantische Stimmung.

Damit wir in einer lauen Sommernacht keinen Ärger mit einer qualmenden und stinkenden Petroleumlampe haben, sollten wir die Dochte vor dem ersten Gebrauch einige Stunden in Essig legen und sie dann trocknen lassen.

Etwas helleres Licht kann erreicht werden, wenn dem Petroleum eine Prise Salz beigemischt wird.

Werden die Petroleumlampen während des Winters an Bord gelassen, sollten wir das Petroleum beim letzten Törn aufbrauchen oder den Behälter entleeren.

Ölzeug und Seenotmittel

Ölzeug und Rettungswesten werden mit lauwarmem Wasser und einem Wollwaschmittel ausgewaschen und gut getrocknet. Vorrangig bewahren wir sie den Winter über zu Hause auf. Automatik-Rettungswesten sollten zur Wartung in Abständen von zwei Jahren vom Hersteller überprüft werden. An unseren Lifebelts überprüfen wir gründlich die Nähte, nähen sie gegebenenfalls nach und lagern sie ebenfalls trocken. Seenotsignale werden hinsichtlich des Verfallsdatums geprüft und sollten im Winter nicht an Bord lagern. Beim Feuerlöscher muss auf jeden Fall das Wartungsintervall eingehalten werden. Aber er sollte auch im Winter immer einsatzbereit sein.

Navigationsgeräte

So weit es möglich ist, bauen wir die Navigationsgeräte aus und lagern auch diese zu Hause. Die Anschlüsse werden mit einem Marinespray eingesprüht. Damit wir beim Einbau der Geräte in der neuen Saison nicht lange überlegen müssen, kennzeichnen wir die Anschlüsse und Verbindungen.
In vielen Bordgeräten wie Borduhr, Taschenlampe und Radio befinden sich Batterien, die nicht auslaufsicher sind. Deshalb entfernen wir diese und brauchen sie zu Hause während der Winterzeit auf. Im Frühling gibt es dann für diese Geräte an Bord neue Batterien.

Werkzeug

Werkzeug braucht wenig Wartung, jedoch halten wir es stets sauber und frei von Rost. In der feuchten Umgebung des Wassers lagern wir es am besten leicht eingeölt in geschlossenen Behältern.

Praktische Anleitung und Empfehlungen

Nützliche Bordwerkzeuge

Das Vorhandensein von gutem Bordwerkzeug ist eine Voraussetzung, um kleine oder größere Reparaturen und Wartungsarbeiten auch während eines Törns fernab einer Reparaturwerkstatt auszuführen. Wir werden nicht unbedingt auf Billigangebote zurückgreifen, denn gerade in Notsituationen wollen wir uns hundertprozentig auf das Werkzeug verlassen können. Deshalb sollten wir eine hochwertige Basisausrüstung für den Bordgebrauch zusammenstellen. Wie umfangreich das Sortiment ist, hängt von der Schiffsgröße, dem Fahrtgebiet und den Fähigkeiten der Crew ab. Die für eine Grundausstattung wesentlichen Werkzeuge werden im Folgenden aufgeführt.

Bordmesser

Ein scharfes Taschenmesser ist für den Gebrauch an Bord unerlässlich. Neben einer breiten Klinge sollte es einen beiklappbaren Marlspieker besitzen, um Schäkel zu öffnen oder feste Spannschrauben aufdrehen zu können.

Wenn das Bordmesser noch mit einem schönen Bändsel mit Zierknoten und einem Schnappschäkel versehen wird, kann es praktisch an unserer Jeans befestigt werden und ist immer einsatzbereit.

Mehrfachfunktionswerkzeuge

Diese praktischen Kombiwerkzeuge – auch bekannt unter dem Namen der bekannten Herstellerfirma Leatherman – haben sich an Bord bewährt, sind handlich und universell einsetzbar. Sie beinhalten fast alle an Bord wichtigen Werkzeuge wie Abisolierer, mehrere Schraubenzieher, eine Säge für Holz und Metall, Feilen, Kombizange und noch einiges mehr. Beim Kauf sollten wir auf tadellose Qualität achten und die Funktionen der einzelnen Werkzeuge prüfen und ausprobieren.

Zusätzliches Werkzeug

Dazu gehören:

- ein Satz Schraubenschlüssel, vorzugsweise als Kombination von Ring- und Maulschlüssel,
- Schraubendreher verschiedener Größe – auch ein Elektronikschraubendreher sollte dabei sein,
- Knarrenkasten,
- verschiedene Zangen – Kombizange, Spitzzange, Wasserpumpenzange, Gripzange,
- Säge oder Sägeblatt,
- verstellbare Einmaulschlüssel (Engländer),
- Innensechskantschlüssel und
- ein Hammer.

Untergebracht sind diese Bordwerkzeuge am besten in einem wasserdichten Koffer. Wird der Kauf eines kompletten Werkzeugkoffers bevorzugt, sollte auf hochwertigen und gut sortierten Inhalt geachtet werden. Werkzeugsätze in kleinen Blech- oder Kunststoffkästen werden normalerweise von den Herstellern mit durchsichtigen Kunststoffabdeckungen versehen. Sie sind den Abmessungen der Einzelteile nachgeformt und sorgen dafür, dass sie an ihrem vorgesehenen Platz bleiben.

Da die Abdeckungen in den Werkzeugkästen aber schnell verloren gehen oder brüchig werden, ersetzen wir sie durch ein kleines zurechtgeschnittenes Stück Teppich. So bleiben alle Einzelteile ordentlich zusammen.

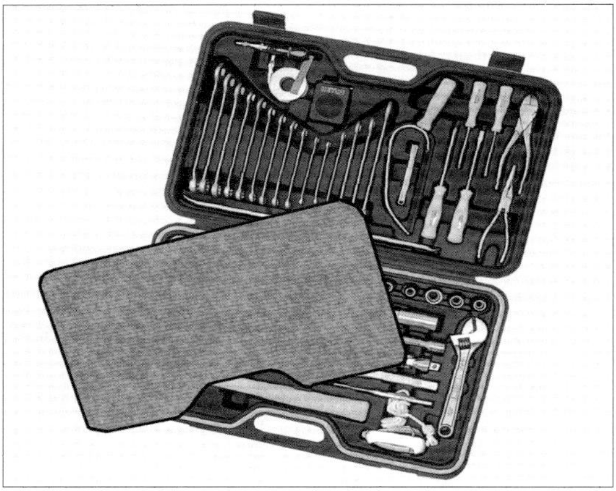

Abdeckung für Werkzeugkasten

Handwerkszeug für die Bootsüberholung

Um die Frühjahrsarbeiten möglichst rasch und mit Sorgfalt zu erledigen, legen wir gutes Werkzeug und wirkungsvolle Hilfsmittel bereit.

Handschuhe sind in mehreren Arten praktisch. Alte Woll- oder Baumwollhandschuhe eignen sich gut zum Schleifen. Kurze Handschuhe mit Gummiüberzug oder alte Lederhandschuhe sind gut zum Streichen. Zum Umgang mit Lösungsmitteln, Waschmitteln, Beizen und ähnlichen Chemikalien benutzen wir aus dem Arbeitsschutz gebräuchliche Gummihandschuhe, die fast bis an die Ellbogen reichen.

Putzlappen benötigen wir zahlreich, in verschiedenen Größen und aus den unterschiedlichsten Materialien. Optimal sind taschentuchgroße Baumwoll- oder Leinenlappen, die sich zum Abwischen, zum Aufnehmen von Schmutz und Farbe sowie zum Reinigen der Hände eignen. Nutzlos sind Putzlappen aus nicht saugfähigem Synthetikmaterial. Putzlappen können wir oft sparen, wenn wir in Arbeitsnähe eine Rolle Küchenpapier griffbereit halten.

Pützen verwenden wir an Bord zwei, die am besten durch unterschiedliche Farbe zu unterscheiden sind: für Frisch(See)wasser und für Schmutzwasser. Sie werden auch für die Bootspflege eingesetzt: eine Pütz für das saubere Seifenwasser und Waschwasser, die andere für das Schmutzwasser.

Schaumgummi um das Handgelenk gelegt, saugt das Wasser auf, wenn der Bootsboden abgewaschen wird. Das Wasser kann so nicht über den Unter- und Oberarm zum Körper laufen. Wir behalten trockene Kleidung und einen trockenen Körper.

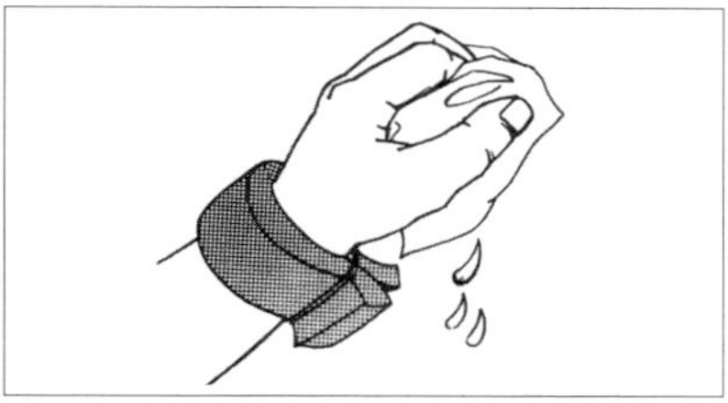

Schutz aus Schaumgummi

Löcher im Pinselstiel

Zum Wegfegen des Staubes nach dem Schleifen ist ein weicher, langhaariger ***Handfeger*** gut geeignet, zum Schrubben von glatten Oberflächen erweist eine Wurzelbürste hervorragende Dienste. Zum Putzen von Metallteilen benutzen wir Drahtbürsten. Zur Vermeidung von Flugrost sollten wir für Edelstahlteile allerdings nur Drahtbürsten aus Edelstahldraht verwenden und diese gleiche Bürste niemals für Normalstahl einsetzen.
Zur Bootspflege benötigen wir mehrere Arten von ***Pinseln***: Zum Grundieren dicke Kurzhaarpinsel, zum Absetzen kleine Langhaarpinsel, sogenannte Heizkörperpinsel, um in entlegene Ecken zu kommen, sowie ein Pinsel für farbige Anstriche, und davon getrennt, ein Pinsel für farblosen Lack und Firnis.

Neue Pinsel vor Gebrauch in warmes Wasser stellen, damit die Leimverbindung zwischen Borsten und Pinselschaft gut aushärtet.

Qualitativ gute Pinsel lassen sich nach sorgfältiger Reinigung in jedem Frühjahr wieder benutzen. Aufbewahren können wir sie hängend in Halböl oder Firnis. Löcher im Pinselstiel sind praktisch, wenn wir die Farbarbeiten kurz unterbrechen möchten, ohne die Pinsel extra auszuwaschen.

Wir durchbohren die Pinsel hoch genug über dem Bund, damit wir ein Stückchen Draht hindurchstecken und sie in einen Topf mit dem entsprechenden Lösungsmittel hängen können – Terpentin bei Ölfarben, Nitroverdünnung bei Nitrolacken und den mitgelieferten Verdünner für Kunstharzfarben.

Farbrollen, die es in allen Qualitäten und Größen gibt, haben sich gut bewährt. So benutzen wir zum Streichen unseres Unterwasserschiffes eine kurzhaarige Lammfellrolle oder eine Schaumstoffrolle, die viel Farbe aufnehmen kann und gleichmäßige Oberflächen ergibt. Farbroller sind zwar nicht leicht zu handhaben, aber sie sparen Zeit, wenn große Flächen zu streichen sind. Dann gehört eine ausreichend große Farbschale dazu, um den Roller immer wieder neu mit Farbe zu füllen. An einem Abstreifsieb reduzieren wir diese auf eine streichfähige Menge. Achtung, zum Streichen von Polyurethan-Lacken keine Schaumstoffrollen verwenden, da sie von den in diesen Lacken enthaltenen Lösungsmitteln aufquellen können oder sogar aufgelöst werden.
Messer und ***Spachtel***: Wir benötigen ein Kittmesser, um Füllmaterial wie Spachtelmasse oder flüssiges Holz einzustreichen, außerdem einen breiten Spachtel zum Entfernen der Farbe. Sehr nützlich ist auch ein Zahnspachtel mit einer Zahnweite von ca. 3 mm und einer Zahntiefe von ca. 2 mm sowie abgerundeten Zähnen. Er erleichtert die Herstellung einer gleichmäßig dicken Schicht (z.B. bei der Reparatur von Osmoseschäden) und macht die nachfolgenden Schleifarbeiten leichter.
Schaber, als Dreikant- oder Flachschaber, mit einfachem Handgriff oder mit langem Stiel werden nur noch selten benutzt. Sie eignen sich besonders für Holzflächen, die lackiert werden sollen. Ihre Auswahl hängt von der Größe des Bootes und der Art der Pflegearbeiten ab. Zu einem Schaber gehört auch ein Abziehstein, um ihn gelegentlich zu schärfen. An ihre Stelle sind ***Farbentferner*** getreten. Es empfiehlt sich, ein möglichst zähflüssiges Material zu verwenden, das besonders an senkrechten Bordwänden nicht so schnell ablaufen kann. Es soll biologisch abbaubar und frei von Chlorkohlenwasserstoffen oder anderen gefährlichen Substanzen sein.

Farbentferner eignen sich auch gut zum Reinigen trockener Farbpinsel.

Lösungsmittel und ***Verdünner*** benötigen wir, um Farben zu verdünnen und Pinsel zu waschen. Vorsorglich kaufen wir den entsprechenden Verdünner für jede Farbe gleich mit ein, damit wir das richtige Mittel griffbereit haben. Verdünner sind meistens feuergefährlich. Deshalb bei der Anwendung und Lagerung die Nähe von offenen Feuern und auch von Zigarettenkippen meiden!
Gute Unterwasserfarben enthalten, obgleich umweltfreundlich, wirksame Giftstoffe, die wir nicht einatmen sollten. Wenn wir am Unterwasserschiff arbeiten, ist das Aufsetzen einer ***Staubmaske*** nicht nur beim Streichen, sondern bereits beim Schleifen äußerst wichtig. Manche vertragen auch den Geruch von Lacken oder Farben nicht; für sie ist eine Mund- und Nasenmaske die beste Vorbeugung. Eine solche Staub-Filtermaske, die nur 7 Gramm wiegt und mit der ungehindertes Atmen und Sprechen möglich ist, bietet der Fachhandel zu günstigen Preisen an.
Ein ***Augenschutz*** ist genauso wichtig, wenn wir mit Sandpapier oder mit Giftfarben, mit Lösungsmitteln oder Schleifmaschinen arbeiten. Prima geeignet ist eine vollsichtige Schutzbrille mit indirekter Belüftung, bei der Knopfventile für optimale Luftzirkulation bei gleichzeitiger Verhinderung des Eindringens von Staubteilchen sorgen.
Schleifpapier ist ein wichtiges Hilfsmittel der Bootsüberholung. Welches wir für die entsprechenden Arbeitsgänge auswählen und wie wir es benutzen, ist in einem besonderen Abschnitt in Kapitel »Praktische Anleitung und Empfehlungen« ausführlich beschrieben.
Tape (Klebeband und Kreppband) in unterschiedlichen Breiten leisten gute Dienste, wenn gerade Begrenzungslinien zwischen zwei unterschiedlichen Farbanstrichen (z. B. am Wasserpass) gezogen werden sollen. Anstrich darf in Klebebandnähe aber nicht zu satt sein, sonst gibt es dort doch Nasen und Schmierstellen.

Nach dem Arbeitsgang nicht vergessen, den Klebestreifen so schnell wie möglich zu entfernen. Ist die Farbe erst angetrocknet, reißen wir mit dem Klebeband sogar den Farbfilm ein.

Aus Klebeband auf Leinwandbasis lassen sich auch gut Etiketten schneiden, die – mit einem wasserfesten Stift beschrieben – zur Kennzeichnung von Dosen und Behältern dienen.

Abdeckfolien benötigen wir beim Schleifen und Streichen des Unterwasserschiffes, die unter das Boot gelegt das Beschmutzen des Betons oder ein Endringen von Lösungsmitteln in den Erdboden verhindern.
Waschmittel, die sich für die Bootspflege eignen, sind mit Konservierungsmitteln, Kriechölen, Chromputz und anderen »Wundermitteln« ebenfalls in einem besonderen Abschnitt mit vielen derzeit lieferbaren Präparaten aufgeführt.
Seihtuch und ***Filter*** sind notwendig, wenn wir halbleere Dosen weiter benutzen wollen und sich bereits eine dünne Haut auf der Farboberfläche gebildet hat.

Damenstrumpfhosen oder -strümpfe aus Nylon sind ideal zum Sieben von Lack und Farbe.

Wir legen ein Stück alten Nylonstrumpfes über eine offene, saubere Farbdose, befestigen es mit einem breiten Gummiring und gießen so den abgestandenen Lack in die saubere Dose.

Ein ausgedienter Schneebesen eignet sich gut zum Farberühren.

Mischbecher mit deutlicher Skalierung sind zum exakten Dosieren von Farben und Lacken gut geeignet. Allerdings müssen diese Becher lösemittelbeständig sein.

Streichtopf

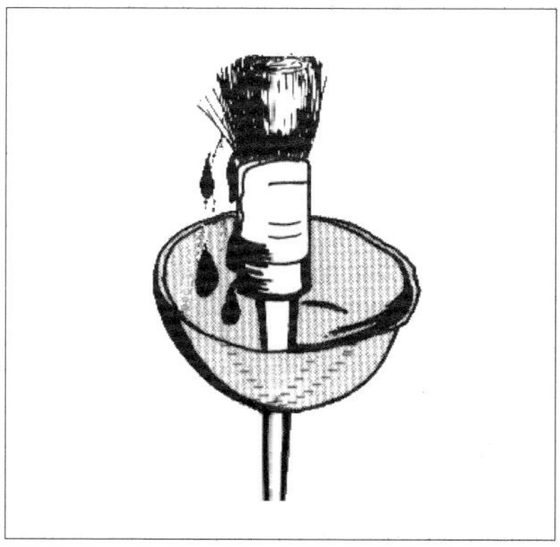

Tropfenfänger

Streichtöpfe erhalten entweder ein Abstreifblech oder einen Draht, der nicht ganz in der Mitte quer über den Farbtopf gespannt ist. So können Pinsel nicht tropfen, und der Rand des Farbtopfes bleibt sauber. Mit einem ausgedienten Teigspachtel lässt sich die Farbe restlos aus dem Farbtopf herausholen.

Tropfenfänger für Pinsel fertigen wir uns aus einem zerschnittenen Gummiball (Tennisball) selbst. Dazu bohren wir in die Mitte der einen Hälfte ein Loch und stecken den Pinselstiel hindurch.

So kann auch dann keine Farbe ins Gesicht tropfen, wenn über Kopf das Unterwasserschiff gestrichen wird.
Wer den Topf mit der Hand halten muss, sieht sich im Winter nach einem billigen Haushaltsbecher mit Handgriff um.

Aus einem alten Wasserkanister oder einer leeren, gesäuberten Plastikflasche eines Waschmittels können wir einen praktischen Farbkübel machen, indem wir dem Henkel gegenüber ein Loch einschneiden, das groß genug ist, um den Pinsel bequem durchzustecken.

Spritzpistolen können bei großflächigen Malerarbeiten eine wertvolle Hilfe sein. Wir beginnen mit dem Spritzen neben der Fläche und ziehen dann den Spritzstrahl im Kreuzgang über die Fläche, wobei wir jedes Mal etwas über den Rand hinausgehen. Nur wenn senkrechte und waagerechte Arbeitsgänge miteinander gekoppelt werden, erhalten wir in Farbton und Schichtdicke gleichmäßige Flächen. Beim Wechseln der Spritzrichtung von waagerecht auf senkrecht muss die Druckluft unterbrochen werden, damit der Farbauftrag nicht übersättigt wird. Bei waagerechten Flächen wird die Farbe in einem Abstand von ca. 30 cm im Winkel aufgespritzt.
Arbeitslampen haben wir natürlich an Land als Kabellampen immer zur Verfügung, die ebenso bei Pflege- und Reparaturarbeiten im schlecht erleuchteten Motorenraum oder in der dunklen Bilge genügend Licht spenden können. Unterwegs kann für Reparaturen in den Dunkelbereichen nicht nur bei Nacht guter Rat teuer sein. Auch beim Aufbringen von Farbe oder Klarlack ist eine ausreichende Beleuchtung notwendig, um Läufer und Fehlstellen

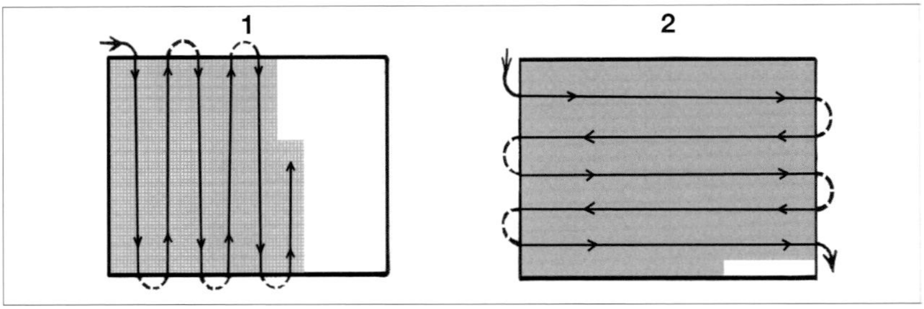

Spritzen von großen Bootsflächen

sofort zu sehen. Uns leistet hierzu ein Halogen-Service-Spot mit Bordspannung gute Dienste: Es handelt sich hierbei um eine faustgroße Lichtquelle mit einer Magnethalterung, die sich an unserem Stahlboot überall anheften lässt, und auch auf Booten aus anderen Werkstoffen gibt es sicher überall genügend Haftplätze. Die Lampe hat eine 4 m lange, ausdehnbare flexible und kunststoffisolierte Leitung mit einem Universalstecker, sodass sie nahezu überall einsetzbar ist.

Schleifmittel

Bei Schleif- oder Schmirgelpapier besteht der Träger des Schleifkorns nicht nur aus Papier, es werden auch Köper und Nessel als Unterlage verwendet. Papier wird vorzugsweise für die Holzbearbeitung und den Handschliff benutzt. Köper ist besser für die Metallbearbeitung geeignet. Das leichte Leinengewebe ist flexibler bei Konturänderungen, passt sich Rundungen leichter an und ist biegsamer für alle Ausnehmungen. Zum Nassschleifen muss wasserfestes Schleifleinen oder -papier verwendet werden.
Das Schleifmittel besteht vorwiegend aus Stoffen wie Glas, Korund – ein Mineral aus Aluminium-Oxyd – und Silicium-Karbid – ein Kristall aus Sand und Koks. Das Schleifmittel ist auf dem Schleifkornträger in offener oder unterschiedlich dichter Streuung aufgetragen. Es wird unterschieden in

sehr grobes, grobes, mittleres, feines und sehr feines Schleifpapier, je nach Körnungsgrößen und Körnungsstreuungen. Je höher die kennzeichnende Nummer des Schleifpapiers, desto feiner ist die Körnung.
Zum Holzschleifen wird vorwiegend Korund verwendet, in den Qualitäten Normal-Korund, Halbedel-Korund und Edel-Korund. Silicium-Karbid wird hauptsächlich für maschinelles Schleifen und für Mikrokörnungen benutzt.
Welche Körnung wird für die unterschiedlichen Schleifvorgänge benötigt?
Bei ***Trockenschleifpapier*** benutzen wir Körnungen mit der Kennzahl

- Nr. 40–80
  zum Vorschleifen ungehobelter Bretter, zum Abschleifen der Überreste alter Farbe nach Abbrennen oder Abbeizen, zum Entfernen von Rost
- Nr. 60–100
  zum Anschleifen von Lacken und Farben, zum Vorschleifen glatter Holzflächen, zum Schleifen von Spachtelmassen
- Nr. 120–180
  für Zwischenschliffe bei Lackierarbeiten, vor Aufbringen einer neuen Lackfarbe, zum Feinschliff von Holz
- Nr. 220–320
  zum Feinschliff von lackierten Flächen, zum Mattieren von Metallflächen, zur Erstbehandlung von Polyesterbooten.

Bei ***Nassschleifpapier*** empfiehlt sich

- Nr. 180–240
  vor Aufbringung einer neuen Lackfarbe auf den Grundlack
- Nr. 220–400
  vor kleinen Ausbesserungen einer Lackschicht
- Nr. 300–400
  vor Aufbringen des letzten Anstrichs von neuem Bootslack oder Lackfarbe
- Nr. 400–1000
  vor dem Polieren von 2-Komponenten-Lack.

Das Schleifen

Das Schleifen ist notwendig, um die Haftmöglichkeit des nachfolgenden Anstrichs zu verbessern. Besonders vor dem Übermalen alter Anstriche sollte die Oberfläche so lange und sorgfältig geschliffen werden, bis sie vollkommen matt ist. Zwischen den einzelnen Anstrichen muss nur dann noch einmal nachgeschliffen werden, wenn die maximale Zeit des Überstreichens überschritten ist oder wenn besonders glatte Flächen gewünscht werden. Da Trockenschleifen relativ viel Staub erzeugt, ist Nassschleifen angenehmer und damit empfehlenswert. Zudem setzt sich das Schleifpapier nicht so schnell zu, wenn es immer nass genug gehalten wird. Es ist klar, dass wir beim Nassschleifen normales Leitungswasser verwenden.

Wasserschleifpapier wird vor Gebrauch einige Zeit in Wasser eingeweicht, bevor es effektiv einsetzbar ist.

Antifoulings sollten grundsätzlich nur nass abgeschliffen werden, um einen gesundheitlichen Schaden durch Schleifstaub zu verhindern. Hierbei müssen wir aber auch unbedingt mit Schutzbrille und Filtermaske sowie Gummihandschuhen arbeiten.

Alle Schleifarbeiten nehmen wir erst kurz vor dem Neuanstrich vor. Steht die geschliffene Fläche bereits längere Zeit, muss sie noch einmal fein nachgeschliffen werden.

Nach dem Schleifen wird der trockene Schleifstaub zunächst mit einem Staubsauger entfernt, dann wird er gründlich mit viel Frischwasser und Bürste abgewaschen. Unmittelbar vor dem Anstrich wird die Fläche mit einem mit Verdünnung getränkten Lappen sorgfältig abgerieben. Dazu wird eine der Farbe entsprechende Verdünnung oder ein Universalverdünner benutzt.

Tricks mit Schleifpapier

Hervorragend schleift es sich mit einem Schleifklotz, über das der Bogen Schleifpapier gelegt werden kann. Dieser soll so geformt sein, dass er gut in der Hand liegt. Diese gibt es aus Kork oder Gummi. Wer seine Hände schonen will, schneide sich einen faustgroßen Styroporblock und klebe an seine Unterseite eine ca. 2 cm dicke Filzschicht. Mit Klebstoff befestigt kann letztlich das Schleifmittel noch feinfühliger verwendet werden. Um runde Ecken und Profile zu schleifen, ist ein Schleifschwamm besonders gut geeignet. Nach einem Farbanstrich sieht die geschliffene Fläche (übertrieben) so aus: Rillen und Furchen sind insbesondere dort entstanden, wo der Pinsel beim Lackieren senkrecht abgehoben wurde. Hier ist der Lack in kleinen Bergen und Tälern angetrocknet. Fühlt man außerdem ausgeprägt Hochflächen, dann ist auch der darunter liegende Lack beim vorangegangenen Schleifen nicht genug bearbeitet worden. Der Untergrund sollte also mit dem Schleifklotz leicht und weitmaschig bearbeitet werden, dafür aber in mehrmaliger Wiederholung. Nur so ist gewährleistet, dass sich die raue Fläche nach und nach in eine glatte Oberfläche von überall gleicher Dicke verwandelt. Wer zu lange und zu heftig den Untergrund an einer Stelle bearbeitet, sorgt für eine neue Berg- und Talbahn.

Schleifmaschinen sparen Arbeit

Der beste Helfer für die Bootspflege ist der Schwingschleifer oder Rutscher. Das Schmirgelblatt wird eingespannt oder angeklettet und von der Maschine in eine in Faserrichtung verlaufende schnelle Hin- und Herbewegung versetzt. Die Arbeit lässt sich gut kontrollieren, und der Schwingschleifer ist für Grob- und Feinschliff zu verwenden.
Beim Winkelschleifer rotiert das Schleifblatt mit beträchtlicher Geschwindigkeit (ca. 7000 U/min). Für die Holzbearbeitung und für ebene Flächen ist dieses Gerät wenig geeignet. Dafür leistet es gute Dienste bei Stahlrümpfen und Schweißnähten.
Eine bessere Schleifwirkung als mit dem Rutscher ergeben Bandschleifer, die auch als Zusatzgeräte für Bohrmaschinen lieferbar sind. Sie sind ideal zum Schleifen großer Flächen und für kräftigen Materialabtrag. Beim Bandschleifer drehen sich zwei Walzen, auf denen das Schleifband läuft. Mit den flexiblen Bändern können auch Rundungen wirksam bearbeitet werden.
Am besten und umweltfreundlichsten sind komfortable Schleifmaschinen, die zur Aufnahme des Schleifstaubes praktische Absaugbeutel haben. Wir

haben beste Erfahrung mit dem Exzenterschleifer von Festo gemacht. Aufgrund der Tellerbremse dreht der Schleifteller im Lehrlauf nicht hoch. Elektronisch lässt sich das Gerät zwischen 8000 und 20000 Hübe regeln. Positiv ist die geringe Vibration, so dass auch größere Schleifarbeiten ohne Pausen hintereinander ausgeführt werden können.
Hervorragend für kleinflächige Arbeiten und zum Schleifen von Ecken und Winkeln eignet sich ein Deltaschleifer. Beim Kauf eines solchen Gerätes sollte man allerdings Handhabung und Griffigkeit ausprobieren, damit auch wirklich präzise gearbeitet werden kann.
Im Bordbetrieb sind Geräte mit Akku-Versorgung oft sinnvoll, denn oft fehlt eine Steckdose. Im Fall von Schleifmaschinen machen sie aber wenig Sinn, denn selten sind in bereits 20 Minuten – etwa solange halten die Akkus – die Schleifarbeiten fertig. Es sei denn, dass eine etwas längere Pause zum Wieder-Aufladen willkommen ist.

Polieren der Außenhaut

Für Polierarbeiten eignen sich erstklassig Exzenterschleifer, die auf reine Drehbewegung umgeschaltet werden können. Auf keinen Fall sollten wir für diese Arbeit einen Winkelschleifer einsetzen, da die Umdrehungszahl zu hoch ist und sich dadurch die Außenhaut zu schnell und stark erwärmt. Für kleine Flächen sind auch eine regelbare Bohrmaschine mit Polieraufsatz oder ein Schwingschleifer mit feinem Filz geeignet. Ideal sind Maschinen mit 2000 bis 2500 Umdrehungen pro Minute.

Kleines Lexikon der Anstrichmittel

Bei der Bootsüberholung spielt die Auswahl der richtigen Mittel eine große Rolle. In der folgenden Übersicht werden die wesentlichen Systeme wie Grundierungen, Antifouling und Farben und Lacke beschrieben und grundsätzliche Hinweise zur Verwendung gegeben.

Übersicht der zur Bootsüberholung verwendeten Mittel	
Name/Bezeichnung	**Aussehen/Anwendung/Verarbeitung/Trockenzeit**
Farben	Oberflächen aus GFK, Stahl, Aluminium und Holz werden mit pigmentierten Lacken geschützt. Die Farben müssen widerstandsfähig gegen Salzwasser, Sonnenlicht und mechanischer Beanspruchung sein. Vor dem Farbanstrich ist eine Grundierung erforderlich. *1-Komponenten-Farbe:* gebrauchsfertig in der Dose, Farbe trocknet durch Verdunsten des Lösungsmittels, bzgl. der Verarbeitung und Umgebungsbedingungen anspruchsloser als 2-Komponenten-Farbe. *2-Komponenten-Farbe:* 2 Anteile (Anstrichmittel und Härter) müssen gemischt werden, Trocknung erfolgt durch Polymerisation (chemische Reaktion beider Bestandteile), nach Topfzeit der Farbe ist sie nicht mehr streichfähig, bessere Beständigkeit gegen alle Umwelteinflüsse als 1-Komponenten-Farbe.
Alkyd-Lackfarbe für Innen Yacht Enamel	Hochglänzende, elastische und widerstandsfähige Farbe, nicht geeignet für Flächen, die ständig im Wasser sind. Verdünner: Benzin,Terpentin-Ersatz. Trocken: 24 Std., Zwischenschliff nicht erforderlich, Überarbeitungsintervall: 8 Std.
Alkyd-Lackfarbe für Außen Topside Enamel	Preiswerter Rumpf- und Decksanstrich, nur Überwasser geeignet, schlagfester als Polyurethan-Lacke, aber geringere Lebensdauer, nicht so ein starker Glanz, Alkyd- oder Epoxy-Voranstrich.

	Verdünner: Benzin bzw. Herstellernachweis. Trocken: 24 Std., Zwischenschliff empfehlenswert.
Wasserpassfarbe Trimline Enamel	Für Streifen in Wasserlinie oder im Decksbereich, deckend und glänzend, 1-Komponenten-Farbe, widerstandsfähig gegen Salzwasser. Verdünner: Benzin. Trocken: 1 Tag, Zwischenschliff empfehlenswert.
Bilgefarbe	1-Komponenten-Alkydharzfarbe, haftet gut auf allen rauen und porösen Untergründen, auf allen Materialien.
1-Komponenten-Polyurethan-Farbe	Endlack für Rumpf und Deck, hoher Glanz, langlebig, gut verträglich mit alten Anstrichen, Primer erforderlich. Verarbeitung: Pinsel, Rolle, Spritzpistole. Trocken: 24 Std., Überarbeitungsintervall: eine Nacht.
2-Komponenten-Polyurethan-Farbe	Bester Endlack für Rumpf und Deck,exzellenter Glanz, seewasserbeständig, sehr widerstandsfähig, Primer erforderlich. Verarbeitung: Schaumstoffrolle, Trocken: in 48–168 Std., Überarbeitungsintervall: 24–48 Std.
PUR-Anstrich	Lufttrocknende Reaktionslacke auf Polyurethan-Basis, für alle Arten von Schutzanstrichen, 1-Komponenten-Produkte, die ohne Härter nur über Oxidation mit Luft aushärten.
Grundierungen, Vorstreichfarbe Primer	Grundiert (oder geprimert) wird um 1. Untergrund (vor Wasser) zu schützen – Metallflächen vor Korrosion, Holz vor Verrotten, GFK-Flächen vor Osmose – und

	2. Verbindung (Haftvermittler) zwischen Untergrund und Folgeanstrich herzustellen.
Epoxid-Primer Light Primer High Protect	Wasserunlösliche 2-Komponentenschicht, für Über- und Unterwasser, wirksame Sperrschicht gegen Wasser, nützlich zur Beseitigung von Osmose, Haftvermittler für Decklacke mit oder ohne Lösungsmittel, als Dünn- oder Dickschichtprimer erhältlich. Verarbeitung: unverdünnt, mit Rolle oder Pinsel, Trocken: ausgehärtet in 7 Tagen, Überstreichintervall: 4 Std.
Haft-Primer	Ätzende Grundierung zur Vorbehandlung von Aluminium und Stahl.
Rostumwandler Zn95	Wandelt vorhandenen Rost in eine tragfähige Substanz um, Zink in reiner Form, verbindet sich mit dem Metall. Verarbeitung: unverdünnt mit Pinsel, sofort trocken.
Owatrol	Durchdringt Rost und sättigt ihn (Kriechöl). Verarbeitung: gut durchmischen, verwendbar bei jedem Wetter, mit allen Anstrichen verträglich.
Correpair	2-Komponenten, wirksame Tiefengrundierung – wandelt Rost in wasserlösliche Form um, abwaschen, dann zweite Komponente – sorgt für Bildung einer undurchlässigen Sperrschicht.
Öle	Öle schützen das Holz vor Feuchtigkeit, Wirkung des natürlichen Holzöles zu unterstützen.
Zitronenöl	Reinigen und Schützen von Holz im Innenbereich, schützt vor Schimmel. Verarbeitung: mit Lappen in Maserung.

Leinöl	Für unbehandeltes Hartholz im Außenbereich, ideales Schutzmittel, allerdings wird Holz nachdunkeln. Verarbeitung: unverdünnt oder mit Terpentin, mehrmaliges Auftragen mit Pinsel oder Lappen.
Teaköl Teak Sealer	Konservierung und Pflege für Naturholz, unlackiertes Teakholz im Außenbereich, dünnflüssig, farblos oder mit Pigmentzusätzen, Oberfläche bleibt offenporig, Sealer sind Mixturen aus Ölen und Kunstharzen oder Polymeren. Verarbeitung: unverdünnt mit Pinsel, trocken in 1–2 Tagen.
Owatrol	Basis sind trocknende Öle mit gutem Eindringvermögen ins Holz, geringe Oberflächenspannung (Kriechöl), härtet in den Poren aus und verhindert neues Eindringen von Feuchtigkeit, Owatrol-Öl stoppt auch den Rost. Verabeitung: bei jeder Temperatur mit dem Pinsel, trocken in einem Tag.
Lacke, Klarlacke (Varnish), Versiegelung	Einsatz: Um Holz gegen Witterungseinflüsse, Feuchtigkeit und mechanische Beanspruchung zu schützen und das schöne Aussehen des Holzes zu erhalten.
Bootslack	Bootslack auf Kunstharzbasis, für innen und außen, transparent und hochglänzend, geschlossenporig, weniger abriebfest, aber flexibler als Polyurethan-Lack, gegen Verfärbung und Vergilbung sollte UV-Filterzusatz enthalten sein. Verarbeitung: mit Pinsel, 5 Schichten (die ersten zwei verdünnt), Auftragen bevor die alte Schicht eine Haut gebildet hat, sonst Zwischenschliff, trocken in 24 Std.

1-Komponenten-Polyurethan-Klarlack	Transparenter Endlack für Holz im Innenbereich, geschlossene Beschichtung, hohe Abriebfestigkeit, gut für Kajütböden. Verarbeitung: mit Pinsel, 3–4 Anstriche, Auftragen bevor die alte Schicht eine Haut gebildet hat, sonst Zwischenschliff, in 2 Std. staubtrocken.
Lacköl	Offenporig, bildet geschlossene, seidig glänzende Oberfläche, Feuchtigkeit kann diffundieren.
BENAR	Hartholzschutz, basiert auf langöliges Alkyd, Aussehen wie Klarlack, elastisch und luftdurchlässig, einsetzbar im Innenbereich und oberhalb der Wasserlinie.
LE TONKINOIS	Klarlack auf Holzölbasis, Bindemittel Leinöl und Chinaholzöl, schnell trocknend, glänzend, gute Beständigkeit gegen Temperaturschwankungen, verwendbar im Überwasserbereich und innen, verdünnbar mit Terpentin, staubtrocken in 2 Std., ausgehärtet in 8 Std.
Wurzelteer	Natürlicher Fäulnisschutz zur Behandlung und Konservierung von Holz und Naturfasertauwerk, hergestellt durch trockene Destillation von Nadelholz, durch Zusatz von Sikkativ schneller trocknend.
Antifouling	Boote, die im Wasser liegen, bilden am Unterwasserschiff tierischen und pflanzlichen Bewuchs, so genanntes Fouling. Unter bestimmten Bedingungen setzt sich Bewuchs abhängig von Lichtintensität, Salzgehalt des Wassers, Temperatur und Nährstoff- und Sauerstoffgehalt des Wassers am Boot fest; insbesondere, wenn Liegezeiten länger als Fahrtzeiten sind. Ziel der Antifouling: Schutz vor Bewuchs.

	Die Wahl der richtigen Antifouling ist abhängig vom Revier und damit von der Wasserqualität, vom Bootstyp (Segel- oder Motorboot) und von den Anforderungen ans Boot (Regatta- oder Fahrtenyacht). Meistens enthalten Antifoulings bioaktive Wirkstoffe, die Bewuchs verhindern (anorganische oder organische Biozide).
Weich-Antifouling	Wasserlöslich, selbsterodierend, erheblich weicher und schneller erodierend als Co-Polymer-Antifouling, heute nicht mehr im Handel.
Selbsterodierende, selbstpolierende Antifouling	Wirkstoffe werden mechanisch und chemisch abgegeben, durch Reibungswiderstand des Wassers werden Polymere abpoliert, je schneller das Boot ist, um so fester muss das Bindemittel sein, enthalten meistens Biozide, die durch Wasser ausgewaschen werden und den Bewuchs aktiv abtöten. Verarbeitung: unverdünnt, mit Rolle oder Pinsel, Schleifen nicht unbedingt erforderlich, Trocken: über Nacht, überstreichbar nach 1–16 Std.
Hart-Antifouling	Wasserunlöslich, Biozide werden aus dem Anstrich kontaktausgelaugt, hohe Abriebfestigkeit, Schichtdicke ist wichtig für die Wirkung der Antifouling, durch Überschleifen kann Antifouling aktiviert werden, glattpolieren möglich, deshalb gut für Regattasegler oder schnelle Boote. Verarbeitung: vor Neuanstrich gut schleifen, mit Rolle oder Pinsel unverdünnt verwenden. Trocken: über Nacht, überstreichbar in 1–6 Std., kann bis zu 6 Monaten vor Slippen aufgebracht werden.

Kupferfarbe	Permanenter Unterbodenanstrich, effektiv bei starkem Bewuchs, ineffektiv bei starkem Bartbewuchs, das anorganische Biozid ist Kupfer.
Teflon-Antifouling	Dünnes Hartantifouling, extrem glatte Oberfläche, damit kein Widerstand im Wasser, Biozidkonzentration in der Regel niedriger als in anderer Antifouling, unverträglich mit anderer Antifouling, mit Kupferzusatz nicht für Aluminium geeignet, erfordert Spezialverdünnung, schnell trocknend.
Silikon-Antifouling	Anstrich ist wasserabweisend, sehr elastisch und altert langsam, geringe Oberflächenspannung und geringe Oberflächenrauhigkeit verhindern das Ansiedeln von Algen und Mikroorganismen, kein Auswaschen der Bestandteile und damit gelangen keine Giftstoffe ins Wasser. Verarbeitung: Untergrund muss absolut rein von alten Farbresten sein, Vorbehandlung mit Epoxid-Primer notwendig.
Spachtel	Spachtelmassen dienen zum Ausgleichen von Unebenheiten nach dem Schleifen und zum Füllen von Löchern (z.B. Osmoseblasen). Spachtelmassen unterscheiden sich in ihrer Wasserbeständigkeit, der Aushärtungsdauer und der Schleifbarkeit. Spachteln besser vermeiden, da die Verbindung zwischen Untergrund und Spachtel oft nicht sehr haltbar ist.
Epoxid-Spachtel	Primer bzw. Füller für poröses und verschrammtes Gelcoat, besteht aus 2-Komponenten, härtet zu einer extremen harten und wasserbeständigen Oberfläche aus, verwendbar als Holzversiegelung unter 2-Komponenten-Polyurethan-Lack, als

	Osmose-Schutzschicht im Unterwasserbereich, sonnenlichtempfindlich, deshalb UV-beständiger Anstrich erforderlich. Verdünnung: Aceton, Essigsäure. Trocken: über Nacht.
Polyesterspachtel	Zum Ausbessern von Kratzern auf starren Oberflächen, für Überwasserbereich auf allen Oberflächen verwendbar.
Holzspachtel	Ideal, um Schraubenlöcher oder kleine Beschädigungen im Holz auszubessern. Farbton kann dem Untergrund angepasst werden.
Kleber, Dichtungsmassen	Haltbares Zusammenfügen von Materialien, Abdichten von Luken und Verschlüssen. Für die Dichtungsmittel werden auch entsprechende Primer angeboten.
Kontaktkleber (Epoxid)	Klebt gehärtete Polyester-Laminate, Holzfurniere, PVC-Buchstaben, trocken in 5–10 Minuten.
Gelcoat (Deckschichtharz)	Reparatur von Feinschichtrissen in der Außenhaut, verdünnbar mit Aceton, trocken in 1–24 Std.
Silikon, Silikonkautschuk, Silikon-Dichtungsmassen Black Magic Industriekleber	Silikon-Dichtungsmasse ist ein Mittel für begrenzte Zeit, zum Plastik-Einbetten, guter Isolator zwischen unterschiedlichen Metallen, perfektes Dich tungsmittel für Komponenten, die von Zeit zu Zeit auseinandergenommen werden; nicht unter Wasser anwenden, denn es braucht mechanischen Druck, um zu dichten, zieht Schmutz an, Farbe hält nicht darauf, überstehende Reste nach dem Aushärten wegschneiden. Trocken: Hautbildung nach wenigen Minuten, Vulkanisation 2 mm pro Tag.

PU-Dichtungsmassen, Polyurethane, Sikaflex, Marineflex	Eleastische Klebe- und Dichtmasse, 1-komponentig, enorme Klebkraft, einmal fest, immer fest, schleifbar, überlackierbar, dauerhafte Verbindungen an Deck und Rumpf, Decksverfugung, Abdichtungen, eleastische Verklebung, trocken in ca. 50 Minuten.
Polysulfid-Dichtungsmassen Formflex, Sotikol	Synthetischer Gummi mit besonders hoher Klebekraft, für fast alles zu verwenden, ungeeignet für Thermoplast, gut für Einbettung von Beschlägen und Verbindungen, die Belastungen und Temperaturschwankungen aushalten müssen, nach Abbinden schleifbar, Plexiglasluken nicht damit einsetzen, gut zu verwenden für Vergussmasse von Teakstabdeck, wenn zuvor ein Primer benutzt wird. Aushärtungszeit ca. 1 Woche.
Life Seal	Dichtungsmasse aus Silikon und Polyurethan, zum Einsetzen von Fenstern.
Power-Strip	Hohe Klebekraft, lässt sich ohne Rückstände oder Flecken durch seitlichen Zug problemlos entfernen.
Rigging Tape	Spezialklebeband, selbstverschweißend, wasserfest, hinterlässt keine Klebereste, geeignet zum Abtapen der Wantenspanner.
Verdünner	Gemische von Lösungsmittel, die speziell auf bestimmte Farbtypen abgestimmt sind. Sie sind abhängig vom Bindemittel und den gewünschten Eigenschaften der Farbe (schnelle Trocknung, guter Farbverlauf). Yachtfarben nicht mit Universalverdünnern mischen, sondern auf empfohlene Verdünnung zurückgreifen. Verdünnung mit langsamen Lösungsmitteln eignen sich für Verarbeitung mit

	Pinsel oder Rolle, Verdünner mit schnellen Lösemitteln sind für Spritzanwendungen geeignet.
Aceton	Vielseitig verwendbares Lösungsmittel, reinigt Epoxy, Polyester, PVC, Lack, Polyurethan-Anstriche.
Universal-Verdünnung	Vielseitig, auch als Reinigungsmittel geeignet und zum Verdünnen von fast allen auf Öl basierenden Farben, Pinselreiniger.
Terpentin	Lackverdünner, Verdünner von Leinöl, Reinigung von Pinseln, Lösungsmittel zum Entfernen von Kunstharz, entfernt Flecken von unbehandelten Flächen.
Abbeizer	Löst alte Farben und Lacke, ermöglicht Wiederverwendung eingetrockneter Pinsel.

Farbbedarf und Ergiebigkeit

Die Farbenhersteller beziehen die angegebene Ergiebigkeit ihrer Produkte auf die ebenfalls genannte Trockenschichtdicke eines Arbeitsganges. Sie wird in Mikron angegeben (1 µm = 1 Mikrometer = 1/1000 mm). Die erzielte Schichtdicke ist von den benutzten Werkzeugen abhängig.

So erreichen wir

- mit dem Pinsel ca. 30– 60 Mikrometer
- mit der Schaumstoffrolle ca. 20– 40 Mikrometer
- mit der Lammfellrolle ca. 30– 40 Mikrometer
- mit der Mohair-Rolle ca. 10– 30 Mikrometer
- mit der Luftspritzpistole ca. 30– 70 Mikrometer
- mit einem Airless-Spritzgerät ca. 50–200 Mikrometer

Beim Spritzen hängt die Schichtdicke von der Standfestigkeit der Farbe und dem Anteil des Verdünners ab. Gleichzeitig sollten wir beachten, dass raue Oberflächen mehr Farbe benötigen als glatte und auch immer ein Rest in der Farbdose zurückbleibt. Farbe geht gleichfalls als Spritznebel verloren.

Ermittlung der Farbmenge

Der Farbbedarf für die speziellen Bereiche unseres Bootes wie Unterwasserschiff, Überwasserschiff, Deck und Kajüte wird aus der geschätzten Fläche und der Ergiebigkeit der Farbe ermittelt. Diese Ergiebigkeit gibt der Farbhersteller auf der Dose in Kilogramm/m^2 oder Liter/m^2 an. Zur Abschätzung der betreffenden Bootsflächen in Quadratmetern wurden folgende Faustformeln aufgestellt (Angaben in Metern einsetzen):

1. Unterwasserschiff

a) für vollbauchige Fahrzeuge wie Motoryachten, Jollen, Jollenkreuzer sowie Kielboote mit großer Verdrängung

Anstrichfläche = (Breite + Tiefgang) x Länge der Wasserlinie

b) für Kielyachten leichter und mittlerer Verdrängung sowie Kielschwertern:

Anstrichfläche = (Breite + Tiefgang) x 0,75 x Länge der Wasserlinie

c) für Kurzkieler

Anstrichfläche = (Breite + Tiefgang) x 0,5 x Länge der Wasserlinie

2. Überwasserschiff

Anstrichfläche = 2 x (Länge über alles + Breite) x mittleres Freibord

3. Deck

Anstrichfläche = Länge über alles x Breite x 0,75

Nach Abzug der Flächen von Cockpit, Kajütaufbau, Luken usw. erhalten wir die Anstrichfläche, wenn unterschiedliche Mittel verwendet werden.
Werden Deck, Aufbau und Plicht mit den gleichen Mitteln behandelt, so ergibt sich die

Anstrichfläche = Länge über alles x Breite

4. Mast und Spieren

Anstrichfläche = Umfang x Länge

Berechnung des Farbenverbrauchs

Den benötigten Farbenbedarf für einen Anstrich berechnen wir nun aus der angegebenen Ergiebigkeit der Farbe wie folgt:

Farbenbedarf = Berechnete Anstrichfläche / Ergiebigkeit der Farbe

Den Gesamtbedarf erhalten wir, wenn das Ergebnis mit der Anzahl der erforderlichen Anstriche multipliziert wird.

Rechenbeispiel: Haben wir eine Anstrichfläche von 10 m^2 berechnet, wird bei einer Farbergiebigkeit von 10 m^2/kg eine Farbmenge von 1 kg für einen Anstrich benötigt. Werden also zwei Anstriche empfohlen, kaufen wir 2 kg Farbe.

Die Hinweise der Hersteller für die Benutzung unterschiedlicher Geräte sollten bei der Berechnung der benötigten Farbe zusätzlich beachtet werden.

Anstrichfehler

→ *Abblättern von Farbanstrichen*

Ursachen können sein:

Streichen auf einer feuchten oder einer ungenügend gereinigten Oberfläche.

Mischung von Farben unterschiedlicher, nicht verträg icher Zusammensetzung, zum Beispiel Bitumenfarben, Kunstharzfarben und Ölfarben.

Die Topfzeit einer Zwei-Komponenten-Farbe oder die Intervallzeit zwischen den Anstrichen wurde nicht beachtet und während der Anstricharbeiten über- oder unterschritten.

Die Grundierung (der Primer) blieb zu lange ohne nachfolgenden Anstrich.

→ *Bläschenbildung auf dem Überwasserschiff*

Das Streichen erfolgte auf Flächen, die entweder direkter Sonnenbestrahlung und damit zu großer Hitze ausgesetzt waren oder die vor Beginn der Malerarbeiten noch zu feucht waren.

Das Malen wurde nicht sorgfältig genug oder zu hastig vorgenommen.
Die benutzten Malerwerkzeuge wurden vor dem Anstrich im Wasser aufbewahrt und waren bei Gebrauch noch nicht ausreichend trocken.
Die Oberflächen waren beim Streichen noch zu feucht.
Es wurden mehrere dickschichtige Anstriche übereinandergemalt, die vor jedem Neuanstrich noch nicht trocken genug waren.
Die Voranstriche aus Zwei-Komponenten-Farben waren noch nicht genügend ausgehärtet.

→ *Blasenbildung auf dem Unterwasserschiff*
Hauptursache kann die Osmosis oder die sogenannte »GFK-Pest« sein. Weitere Verursacher sind nicht ausgehärtete Unterwasseranstriche. Auch galvanische Korrosion oder der durch Anoden des kathodischen Schutzsystems hervorgerufene Einfluss von alkalischen Lösungen kann für diese Blasenbildung verantwortlich sein.

→ *Lackierte Oberflächen werden matt*, wenn wir außen bei feuchter Witterung oder unter Wetterbedingungen mit starken Temperaturschwankungen streichen. Bei Innenanstrichen ist unzureichende Ventilation hieran schuld.

→ Ein *Nachsacken des Farbfilms* kann durch unsachgemäße Handhabung der Spritzpistole oder durch das Auftragen einer zu dicken Farbschicht mit Pinsel oder Rolle entstehen.

→ *Reißen des Farbfilms*, welcher als feine Risse auf der äußersten Farbschicht bis zum Brechen des Farbfilms auf dem Untergrund erscheint, kann durch das zu dicke Auftragen einer Farbe, durch zu kurze Trockenzeiten zwischen den Anstrichen oder durch plötzlichen Fall der Lufttemperatur während der Anstricharbeiten entstehen.
Auch die Verwendung einer zur Farbe falschen Grundierung kann zu Rissen in der Farbschicht führen.

→ *Runzeln* bilden sich, wenn die Farbe zu dick aufgetragen wird oder die Oberflächentrocknung infolge direkter Sonnenbestrahlung zu schnell erfolgte.

→ *Oberflächenstreifen* entstehen, wenn ein ungeübter Maler mit zu kräftigen Pinselstrichen zu dicke Farben aufgetragen hat.

→ Die *Trocknung* erfolgt *unerwünscht langsam*, was hauptsächlich auf zu niedrige Lufttemperaturen zurückzuführen ist.
Andere Ursachen können eine ungenügende Durchtrocknung des Anstrichs und eine nicht ausreichende Belüftung des Raumes sein.
Auch das Streichen auf wachshaltigen oder öligen Flächen sowie die Nichtbeachtung des richtigen Mengenverhältnisses Härter zu Basisfarbe können hierfür verantwortlich sein.

→ Hauptsächliche Ursachen bei dem *Verlust des Glanzes* sind die vorangegangene übermäßige Verwendung von alkalischen Reinigungsmitteln, die Durchführung der Anstricharbeiten bei feuchtem und kaltem Wetter oder das Aufbringen des Endanstriches auf noch ungeeignetem, porösem Untergrund.

→ Schwefelhaltige Gase in der Luft oder durch Chemikalien verunreinigte Gewässer können die Ursache sein, dass sich ein *Farbanstrich verfärbt* – ein grüner Farbton wird gelblich oder bläulich oder insgesamt werden die Farbtöne heller oder dunkler.

Betrieb und Lagerung des Bootsmotors

Viele Bootseigner kennen das Handwerk des Bootsbauers und Segelmachers. Wir trauen uns auf See notgedrungen einen Teil deren handwerklicher Kenntnisse selbst zu. Nur beim Motor üben wir Zurückhaltung. Ist es allein die Angst vor schmutzigen Fingern, wenn wir den Jockel dem Fachmann überlassen? Wir Segler haben immer eine Alternative, wenn der Motor streikt – wir nutzen die Windenergie. Aber der Motorbootfahrer muss prüfen und basteln, wenn der Motor streikt. Es bleibt gar nicht aus, dass wir uns intensiver mit unserer Kraftmaschine beschäftigen. Eine gute Gelegenheit, zum Einwintern den Motorenmechaniker einmal nicht zu bemühen und selbst ans Werk zu gehen. Wissen wir dann wirklich nicht mehr weiter, ist immer noch Zeit genug, einen Fachmann zurate zu ziehen.
Generell unterscheiden wir das Einwintern und die Inspektion. Einwintern ist einfach, aber Service-Handgriffe wollen gelernt sein. Aber wenn das Ein-

wintern einige Male gut geklappt hat, können wir uns auch an eine Selbst-Inspektion wagen. Es ist ja nicht nur der Stolz, es allein zu können – wir sparen sogar eine Menge Kosten!
Nach der Regel, dass ein Motor nicht kaputt gefahren wird, sondern sich kaputt steht, sollten wir unseren Motor regelmäßig unter Last fahren. Nur so sind wir uns auch sicher, dass die gesamte Motorenanlage von der Starterbatterie bis zur Propellerwelle ständig einsatzklar ist.
Zur richtigen Motorpflege gehört ein regelmäßiger Ölwechsel, gelegentlich neue Filter und immer sauberer Brennstoff.
Während der Sommermonate ist unser Bootsmotor vorwiegend einem mechanischen Verschleiß ausgesetzt. Bei Verwendung guter Motoröle und sachgemäßer Behandlung halten unsere sorgsam konstruierten und gut gebauten Bootsmotoren jedoch eine Vielzahl von Jahren ohne nennenswerte Reparaturen aus.
Wird ein Verbrennungsmotor aber für mehrere Monate stillgelegt, tritt an die Stelle des mechanischen Verschleißes ein meistens viel schnellerer chemischer Verschleiß. Er kann nur durch sorgfältige Einwinterung des Bootsmotors vermieden werden: Durch die Kurbelgehäuse-Entlüfter und die Luftansaugstutzen dringt in der Zeit der Stilllegung atmosphärische Luft in den Motor ein. Die Ölkohle, die bei den Verbrennungsvorgängen im Motor entstand, ist stark hygroskopisch und zieht diese Feuchtigkeit ständig an.
So können sich im Laufe der Betriebsruhe beträchtliche Zerstörungen einstellen: Vernarbte Lager und Lagerzapfen; schwarze Abdrucke der Kolbenringe dort, wo diese an die Zylinderwand drücken, starke Rostbildung an der Kurbelwelle und an den Kugel- und Rollenlagern. Wir merken diese Zerstörungen erst bei Wiederinbetriebnahme. Die dann notwendigen Instandsetzungsarbeiten sind nicht nur teuer, sondern sie lassen das Boot dazu während der schönsten Frühlingstage am Steg liegen. Auch das Salzwasser bewirkt einen Verschleiß der Motorenteile. Besonders anfällig ist das Neoprene-Rädchen mit seinen flexiblen Impellerflügeln in der Wasserpumpe. Wenn der Motor mehrere Monate im Salzwasser gelaufen ist und ohne Überholung eingelagert wird, verdunstet das Wasser. Die Salzkruste bleibt zurück, und die Impellerrädchen fressen sich an der Innenwand der

Wasserpumpe fest. Durch diese Salzablagerung kann das Rädchen im Frühjahr aus seiner Verankerung gerissen werden, wenn der Motor wieder in Betrieb genommen wird. Das Versagen der Wasserpumpe bewirkt dann andere, teurere Schäden am Bootsmotor.
Richtiges Einwintern schützt den Bootsmotor vor diesem chemischen Verschleiß. Ein achtlos in die Ecke gestellter Außenborder oder beim Einwintern vergessener Einbaumotor können aber auch durch Korrosion, Rost und eingefrorenes Kühlwasser mit seiner beträchtlichen Sprengwirkung weitgehend unbrauchbar gemacht werden.

Impellerwechsel

Wenn der Motor nicht mehr mit genügend Kühlwasser versorgt wird, ist oft der Impeller nicht mehr funktionstüchtig. Dieses Flügelrad wird nach einiger Zeit brüchig und sollte jedes Jahr überprüft werden. Dieses jährliche Wechseln übt auch für den Notfall. Zunächst werden alle Seeventile geschlossen. Dann werden die Deckelschrauben der Wasserpumpe entfernt; bei manchen Motortypen ist der komplette Ausbau der Wasserpumpe erforderlich.

Um den Deckel beim Zusammenbau wieder richtig aufzusetzen, markieren wir Deckel und Gehäuse in gleicher Höhe mit einem wasserfesten Stift.

Den Deckel heben wir vorsichtig mit einem Messer an. Dabei wird meistens die Deckeldichtung beschädigt, die wir ohnehin mit erneuern. Mit einem Schraubendreher oder einer spitzen Zange hebeln wir den Impeller vorsichtig und ohne ihn zu beschädigen aus dem Gehäuse, wobei wir uns die Drehrichtung anhand der Stellung der Impellerflügel merken.

Da der Impeller meist sehr fest im Pumpengehäuse sitzt, kann ein spezielles Impeller-Abzieherwerkzeug dienlich sein. Mit ihm kann nicht nur der Impeller ohne Beschädigung aus dem Gehäuse geholt, sondern es können auch Riefen oder Kerben im Pumpengehäuse vermieden werden.

Sieht der Impeller noch gesund ohne Riefen und Bruchstellen aus, heben wir uns ihn als Ersatzteil auf. In jedem Fall wird ein neuer Impeller eingesetzt, damit wir schließlich gleich sehen, ob er passt. Nach der Reinigung des Pumpengehäuses schmieren wir Impeller und Gehäuse mit wasserfestem Fett ein. Nun wird der Impeller auf die Welle richtig herum geschoben und mit ein paar Umdrehungen an der Riemenscheibe der einwandfreie Lauf getestet. Der mit einer neuen Dichtung versehene Deckel wird wieder aufgeschraubt. Nach erfolgtem Einbau werden die Seeventile geöffnet und beim Probelauf auf einen regelmäßigen, schubweisen Wasserausstoß am Auspuff geachtet. Am Pumpengehäuse sollten keine Leckagen auftreten und die Wasserpumpe ohne störende Geräusche gut rund laufen.

Pflegemittel und ihre Anwendung

Die nachfolgende Liste der Reinigungs- und Pflegemittel erhebt keinen Anspruch auf Vollständigkeit. Sie zeigt nur, für welchen Zweck Fabrikate hergestellt und wie sie eingesetzt werden.

Übersicht: Putz- und Pflegemittel

Bootsbereich/ Pflegemaßnahme	**Reinigungs- oder Pflegemittel/ Beschreibung/Handhabung**	**an Bord bewährt**
Kunststoffboot Reinigen	Bootsshampoo, Cleaner Reinigung von Staub und Schmutz, keine Schlierenbildung.	Star brite *Boat Wash in a Bottle*
Entfernen von hartnäckigem Schmutz	Bootsreiniger, Entfernen von schwarzen Schlieren und hartnäckigem Schmutz, Mittel mit nasser Bürste oder Tuch einreiben und nach Einwirkzeit mit Wasser entfernen.	Yachticon GFK SUPER-REINIGER, Dr. Keddo, Caravan- und Bootsreiniger

Wasserpass Reinigung	Entfernung aller Ablagerungen und allem Schmutz am Wasserpass, Beseitigung der durch Mikro-Organismen verursachten gelben Verfärbungen, m Schwamm auftragen, einwirken lassen und reichlich nachspülen.	ACRÜ-BLITZ Freibordreiniger
Regenstreifen, Roststreifen	Regenstreifenentferner, Antigilb, schwarze Schlieren auf Gelcoat und unansehliche Roststreifen auf Oberfläche entfernen, Mittel unverdünnt auftragen, einwirken lassen und mit Wasser abspülen.	Yachticon ANTI GILB
Kunststoffboot Polieren	Schleifpolitur, Politur, Rubbing, Entfernung von Schmutz, Reinigen, Polieren und Schützen der Oberfläche, Politur wird mit einem Lappen aufgetragen, leicht verrieben und nach dem Antrocknen poliert.	ACRÜ-BLITZ Boots-Polish, HEMPEL Boat Rubbing Paste, International Kunststoff-Bootspflege
Polieren von Oberflächen	Teflon Politur, entfernt Schmutz und Ablagerungen, verhindert Neuverschmutzung, hinterlässt glatte Oberfläche.	Yachticon TEFLON POLISH
Außenhaut Versiegeln	Bootswachs, Carnauba-Wachs, Versiegelung der Oberfläche, Hochglanz, dauerhafter Langzeitschutz, UV-Schutz, mit Lappen aufreiben und nach kurzem Antrocknen aufpolieren.	Oskar's Boat Wax

Versiegelung Oberflächen	Teflon Hardwachs: Schutzmittel für gereinigte Oberflächen, wird mit wenig Druck aufgetragen und dabei ein hoher Glanz erzielt.	Yachticon Teflon Hard Wax
Teakdeck Reinigung	Entfernt Schmutz, beugt Algenbildung vor.	Grüne Seife
Luken und Acrylglas	Acrylglasreiniger, Acrylglaspflege, zum Wiederauffrischen milchiger und stumpfer Scheiben, verleiht Glanz und Glätte durch Überzug eines hauchdünnen Films, mit weichem Lappen auftragen und polieren.	Dr. Keddo Acrylglaspolitur
Aluminiummast	Metallpolitur, farbloses Mittel zum Reinigen von eloxiertem Aluminium, schützt vor Anlaufen.	PLUTO Yacht Aluminiumreiniger
Spayhood und Segel	Segelpflege, entfernt Schmutz und Verunreinigungen aus dem Gewebe, beseitigt Schimmelpilze.	Lindemann Sail Bath
Imprägnieren	Imprägnierspray, Waterproofing, imprägniert Gewebe, hält wasserdicht und verhindert Stockflecken, schützt vor Fäulnis.	Feldten Imprägnier-Konzentrat
Reißverschlüsse	Gleit- und Einzugsmittel, erleichtert das Einziehen, einige Tropfen auf den Verschluss geben und bewegen.	Dr. Keddo Gleitex

Fender	Fenderputzmittel, Reinigung von Fendern oder Plastikteilen, das konzentrierte Mittel wird mit einem Tuch kräftig verrieben und mit Wasser abgespült.	Charly's Fender Putz, Yachticon FENDER FRISCH
Gummi-Teile	Gummipflegemittel: versiegelt Gummi, verleiht Elastizität, der Gummiglanz wird erhalten.	Dr. Keddo Protectolan
Schlauchboot	Schlauchbootreiniger, Schlauchbootpflege: Reinigt und schützt alle Schlauchboote aus PVC oder Gummi, schützt vor UV-Strahlen, hält Gummiteile dauerelastisch, frischt sie auf.	PLUTO Yacht Schlauchbootreiniger
Bilge	Bilgenreiniger, Bilge Cleaner, Reiniger speziell für Bilgen und Motorenräume, löst und beseitigt Öl.	WHALE Bilge cleaner
Öl Aufsaugen	Öl-Aufsaugtuch, Aufsaugkissen, saugt Öl oder Kraftstoff effektiv auf, wasserabweisend, entsorgen wie Altöl.	Lindemann Ölbindetuch
Abwassertank	Tankreiniger, verhindert Ablagerungen oder Algenbildung im Abwassertank, vermeidet unangenehmen Geruch.	Thetford AQUA KEM
Trinkwasser-System	Wasserentkeimung, keimtötendes Reinigungs- und Desinfektionsmittel für Tanks, Wasserpumpen und Wasserschläuche, aktiv durch Sauerstoff, einfüllen ins System, 1 Tag stehen lassen und mit reichlich Wasser nachspülen.	Yachticon PURA TANK

Frostschutz Wassertank	Verhindert das Einfrieren des Wasser- und Toilettensystems, erspart das vollständige Entwässern, Zumischen des Frostschutzmittels zum Wasser.	Yachticon AQUA FROZT
Toilette	WC-Öl: Schmiert und schützt alle Gummidichtungen des Bord-WCs, entfernt Salzablagerungen, einige Tropfen ins Becken und über Nacht wirken lassen.	Yachticon WC ÖL
Entfeuchtung von Kajüte und Stauräumen	Raumentfeuchter, reduziert Luftfeuchtigkeit, umweltfreundlich, geruchslos und regenerierbar, nach dem Winter wird es im Backofen wieder getrocknet, Mittel in breite Schale geben und in der Kajüte aufstellen.	Tropal
Kühlbox oder -schrank	Geruch und Schmutz entfernen.	Essig
Holz im Innenbereich	Möbelpolitur, Möbelpflege, Reinigung von beanspruchten Holzflächen, entfernt Kratzer Wasserflecke, mit weichem Lappen aufreiben.	POLIBOY fixneu
Teppiche und Polster	Polster- und Teppichreiniger, Entfernen von Flecken und tiefsitzendem Schmutz, Mittel wird mit Bürste kräftig aufgetragen.	HAGERTY S.O.S.

Korrosions-Schutz	Marine-Spray, nicht fettendes Gleit-, Konservierungs- und Pflegemittel, wasserabweisender Wirkstoff für alle gleitenden und drehenden Teile sowie Kabelverbindungen.	BAYER MARINE SPRAY, CARAMBA Super Plus

Tipps für kleinere Reparaturen

GFK-Bootsreparaturen

Da die Gelcoat-Schicht hochempfindlich ist, sollten wir mechanische Schäden möglichst unverzüglich beheben. GFK ist ein Verbundstoff von Glasfasern, die durch ihre Kapillarwirkung Feuchtigkeit in das umliegende Laminat saugen. Zur Reparatur der GFK-Oberfläche werden verschiedene Sorten von Polyester-Gelcoat-Spachtelmassen und Epoxidharzen angeboten – noch wichtiger für den Erfolg der Reparatur ist aber die sorgfältige Verarbeitung.

Haarriss im Gelcoat

Die Gelcoatschicht ist auf begrenztem Raum durch nicht sachgemäße Verarbeitung oder durch geringfügige Beschädigung in Mitleidenschaft gezogen. Die darunter liegenden Laminate sind aber unverletzt. Wir beschaffen uns eine kleine Dose Gelcoat (Polyesterharz) von gleichen Farbe des Bootes und entsprechende Menge Beschleuniger und Härter.
Zuerst reinigen wir den Bereich rund um die schadhafte Stelle sorgfältig von Wachs, Öl oder anderen Schmutzschichten und insbesondere natürlich die Stelle selbst von Schmutz. Mit einem Fräskopf der Bohrmaschine rauen wir

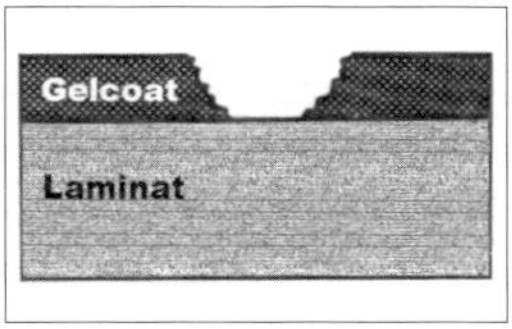

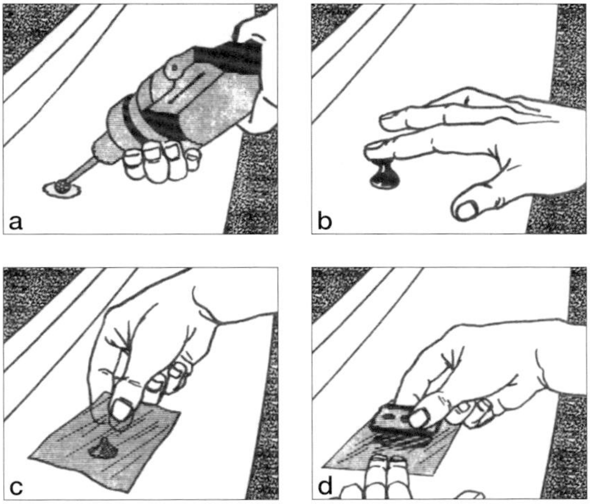

Gelcoat-Reparatur

– wenn der Riss oder das Loch breit genug sind – den Boden und den Rand vorsichtig auf, jedoch ohne das darunter liegende Laminat zu beschädigen. Durch das gleichmäßige Aufrauen der Oberfläche erzielen wir eine gut Haftungsgrundlage. Dann wird jeglicher Schleifstaub entfernt.
Auf einen kleinen Teller oder einem Stückchen Pappe schütten wir etwas Harz, gerade genug, um den Riss auszufüllen. Dazu geben wir zwei bis drei Tropfen Härter und Beschleuniger. Durch Tupfen wird alles zusammengemischt. Mit der Fingerspitze oder einem angespitzten Holzscheit wird das Gelcoat auf die beschädigte Stelle getupft, ein Stückchen Folie darüber gelegt und die Harzschicht mit Hilfe eines Spachtels geglättet. Hierbei soll ein millimeterhoher Berg über der schadhaften Stelle bleiben und diese auch seitlich gut überdecken. Nachdem der Bereich ganz ausgehärtet ist, wird er vorsichtig nass übergeschliffen und hierbei wieder der Umgebungsoberfläche angeglichen. Zum Abschluss wird poliert und mit Wachs versiegelt.
Die Glasharzschale ist jetzt wieder vollkommen stabil und vor allem dicht, denn nichts ist gefährlicher als das Eindringen von Feuchtigkeit oder von in Wasser gelösten Chemikalien in das Laminat.

Oberflächenreparatur der Außenhaut

Ist nicht nur die Oberfläche, sondern auch eine darunter liegende Laminatschicht beschädigt, ohne dass es zu einem vollständigen Durchbruch durch die Außenhaut gekommen ist, muss zusätzlich laminiert werden.
Alle losen Fasern werden entfernt und der Bereich glatt geschliffen. Offen liegende Fasern der Schadstelle werden mit Epoxidharz eingepinselt. Harz, Beschleuniger und Härter werden wieder auf einem Pappstück oder in einer Schale angemischt. Zusätzlich benötigen wir jetzt noch einige Flicken Matte und Gewebe, aus denen ungefähr die gleiche Menge Glasfasern ausgezupft werden – genug, um die schadhafte Stelle auszufüllen. Mit Hilfe von Spachtelmesser, Taschenmesser oder Schraubenzieher vermischen wir Glas und Harz und tupfen alles mit der Messerspitze in die beschädigte Stelle. Die Schneide drückt anschließend das Gemisch so fest, dass alle Luftbläschen entweichen und alle kleinen Fasern fest anliegen können. Ein Stückchen Folie oder Cellophanpapier deckt dann die reparierte Stelle ab, damit sie luftdicht verschlossen ist und das Aushärten beginnen kann. Nach 10 bis 15 Minuten ist der Flicken angehärtet. Fühlt er sich beim Berühren gummiartig an, nehmen wir die Folie ab und heben mit einem Spachtelmesser oder einem Messer die überstehende Glasharzmasse ab. Dann legen wir die Schutzfolie auf und lassen noch eine halbe Stunde weiterhärten.
Die Reparaturstelle wird danach etwas eingeschrumpft sein. Wir nehmen den Fräsbohrer zur Hand, rauen die Oberfläche noch einmal leicht auf und bringen dann die Gelcoatschicht auf. Bei tief gehenden oder größeren Beschädigungen, die nur eine dünne Glasharzschicht übrig ließen, empfiehlt sich eine Aussteifung des Bootes an der betreffenden Stelle, damit die reparierte Stelle nicht durch eine Verformung später einreißen kann. Auch ein Sandsack als Widerlager, der sich einer Rundung besonders gut anpasst, leistet hierzu gute Dienste.

Abdichten leckender Fenster

Dauerelastische Dichtungsmassen (Silikon-Gummi) haben sich bei unterschiedlichen Temperaturverhältnissen nur bedingt bewährt. Kunststoff-Schei-

ben aus Acryl oder Polycarbonat werden oft am Kajütaufbau oder auf der Außenhaut auf leicht gewölbten Flächen aufgesetzt, da umlaufende Metallrahmen immer ein teuerer Aufwand sind. Beim Austausch einer leckenden Scheibe hat sich bewährt, die serienmäßigen Abstände der Schrauben zu halbieren. Dabei müssen die Schrauben in den Bohrungen etwas Luft für die Bewegung haben. Senkschrauben verhindern einen Spannungsausgleich unterschiedlicher Materialien, und dies kann zu Rissen in der Scheibe führen. Je länger die Scheiben sind und je größere Temperaturschwankungen auftreten, desto größere Dehnungen müssen ausgeglichen werden.
Als Dichtung zwischen Scheibe und Außenwand wählen wir einen fingerbreiten, nahezu 10 mm dicken, im Fachhandel erhältlichen, moosgummiartigen selbstklebenden Dichtrand. Er wird am Bootskörpermaterial zusätzlich mit Silikon angeklebt und verdichtet sich beim Anschrauben auf ca. 5–10 % seiner Stärke. Der Rand erhält von außen eine Silikon-Versiegelung. Zum Glattstreichen kann der Finger benutzt werden, der zuvor in ein Spülmittel getaucht wurde.

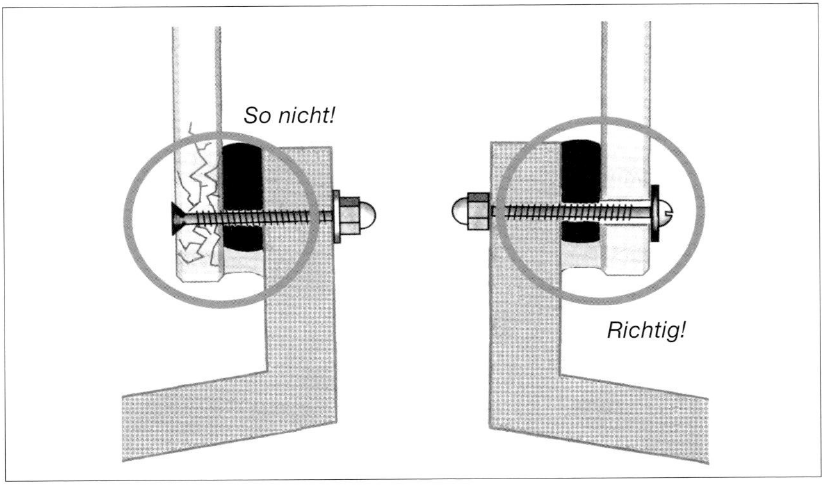

Montage der Fenster

Zum Erzeugen von glatten Rändern beim Verfugen – ohne die Finger zu beschmutzen – lässt sich hervorragend eine rohe zurechtgeschnittene Kartoffel als Spachtel benutzen.

Dieser Kartoffel-Spachtel ist nicht nur fest genug, sondern mit dem Messer fast beliebig formbar, und unbrauchbar gewordene Teile sind schnell entfernt. Ihr natürlicher Gehalt an Wasser sorgt dafür, dass keine Masse an ihr kleben bleibt.

Abdichten der Püttinge

Jeder Beschlag ist eine potentielle Leckstelle. Nur durch ständige Wartung und Pflege können wir einer drohenden Reparatur vorbeugen. Gerät erst einmal Feuchtigkeit unter den Beschlag oder die Metallfläche und damit in die Befestigungslöcher, ist der weitere Verfall vorprogrammiert.
Das Abdichten der Püttinge erfolgt am besten bei gelegtem Mast – also im Frühjahr, bevor der Mast gestellt wird, oder vor der Einwinterung des Bootes. Zuerst wird die Abdeckplatte des Püttings entfernt. Dann können die Befestigungsbolzen unter Deck gelöst und das Pütting nach oben herausgezogen werden. Pütting, Abdeckplatte und Deck werden sorgfältig gereinigt, die Reste alter Dichtmasse entfernt und mit Aceton gesäubert. Vor dem Auftragen der Dichtungsmasse (Sikaflex) kleben wir das Deck rings um die Abdeckplatte mit Tape ab. Zunächst wird mit der Dichtungsmasse der Spalt um das installierte Pütting voll gefüllt. Dann werden die Unterseite der Abdeckplatte und die Bolzen mit der Masse eingestrichen und die Schrauben handfest angezogen.

Damit die erfolgte Abdichtung an dem Pütting dauerhaft bleibt, ziehen wir die Schrauben erst nach dem Abbinden der Dichtmasse endgültig fest an.

Nach dem Trocknen wird die hervorgequollene Dichtmasse abgeschnitten und das Tape abgezogen.

Schlauchverbindungen herstellen

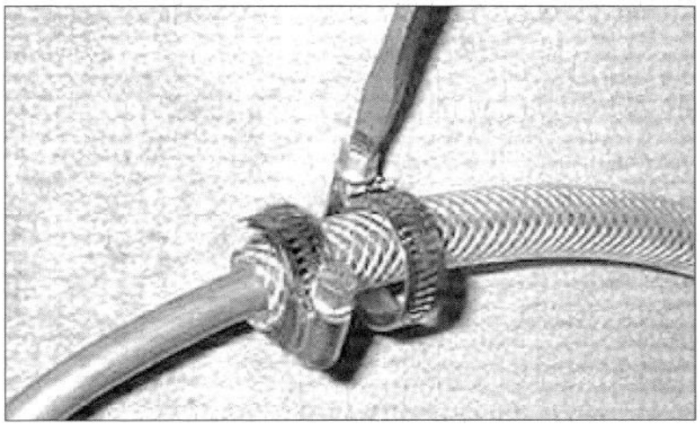
Schlauchverbindungen

Versuche, PVC- und andere Schläuche auf Schlauchtüllen oder Rohrstutzen aufzuziehen, enden nicht selten mit Abschürfungen, vorzugsweise an den Fingerknöcheln, und Wutanfällen. Schuld ist hier die Normung, nach der Schlauchtüllen und Leitungsrohre in der Regel in Zoll-Maßen hergestellt werden, die Schläuche hingegen in metrischen Abstufungen. Ab und zu sind dann die Schläuche ein wenig kleiner als die Tüllen, und die Montage wird zum Geduldsspiel. Vereinfachen lässt sich diese Arbeit bei PVC-Schläuchen dadurch, dass wir diese erwärmen, jedoch nicht brutal mit Lötbrenner oder Heißluftpistole, sondern in einem Wasserbad bei ungefähr 80 °C. Die Schlauchenden werden weich und biegsam. Wenn es dann nicht klappt, ist der Schlauch wirklich zu klein.

Gummischläuche lassen sich leichter auf Tüllen oder Rohre aufziehen, wenn wir sie innen mit ein wenig Spülmittel einreiben.

Absolute Dichtigkeit bei Schlauchübergängen und Festsitzen der Schläuche auf Rohrstutzen erreichen wir, indem zwei Schlauchschellen hintereinander angeordnet werden. Das Gewinde sollte dabei versetzt sein.

Reparatur gelöster Furniere

Gelöstes Furnierholz sollten wir möglichst schnell reparieren, damit nicht erst Ecken abbrechen. Mit einem Messer wird das Furnier vorsichtig angehoben und mit einem dünnen Holzspan wenig (weißer) Holzleim dazwischen gestrichen. Nachdem der Holzleim glasig angetrocknet ist, wird die Reparaturstelle mit Teflonfolie bedeckt und beide Flächen werden mit einem warmen

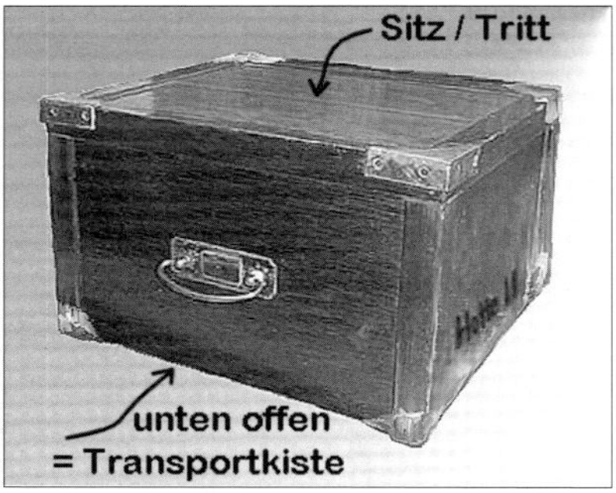

Holzkiste für vielseitigen Einsatz an Bord

Bügeleisen verschmolzen. Der Leim verbindet sich mit dem Holz und macht die Reparaturstelle haltbar. Falls wir kleine Verbesserungen aus Holz für unser Boot herstellen möchten, muss es nicht unbedingt teures Holz mit schöner Maserung sein. Ungeahnte Erfolge erzielen wir auch ohne echtes Holz. Wir benötigen dazu eine Folie mit Holzimitat, die auf das zu verschönernde Brett oder Teil geklebt wird. Und das ist der Trick: Das fertige Holzteil wird anschließend mit Hochglanzlack sorgfältig lackiert. So entsteht eine einfache, aber vielseitig einsetzbare Holzkiste. Verziert mit Messingecken findet sie viel Bewunderung, denn sie dient an Bord als Trittleiter, als Steuermannssitz und manchmal auch als Biertransportkiste.

Beschichtung von Schlauchbooten

Aufblasbare Dingis sind zwar leicht und auch praktisch im Gebrauch, da sie sich bequem an oder unter Deck verstauen lassen, aber ihre beschichtete Gewerbe- oder Gummihaut ist relativ empfindlich. Besonders der Boden und die Außenseiten verschleißen durch Sonne, Salzwasser und mechanischen Abrieb, und die Reinigung wird durch die zunehmend raue Oberfläche erschwert. Kleine Löcher in der Außenhaut des Schlauchbootes werden wir mit einem kleinen Reparaturset leicht beseitigen. Dazu wird die defekte Stelle mit einem Reiniger gesäubert, mit Verdünner entfettet und mit feinem Schleifpapier angeschliffen. Dann kann ein Flicken auf die undichte Stelle geklebt werden.

Mit der Zeit aber wird die Oberfläche poröser und dann lohnt sich die Beschichtung mit einer Spezialfarbe. Diese sollte dauerelastisch, dehnfähig und UV-beständig sein. Bevor die Anwendung erfolgt, wird das Schlauchboot sorgfältig gereinigt und entfettet. Ein zusätzliches leichtes Anschleifen der Oberfläche sorgt für ein gutes Haften der Farbe. Nachdem ein der Farbe entsprechender Haftgrund aufgebracht wurde, kann die Beschichtung, eventuell zweimal hintereinander, gestrichen werden. Nach der Beschichtung wird die Oberfläche unseres Beibootes nun wieder schön glatt sein und noch einige Jahre halten.

Besonderheit bei GFK-Booten: Blasenpest (Osmose)

Ursachen der Osmose

Auf vielen Kunststoffbooten entstehen nach mehrjähriger Benutzung am Unterwasserschiff eine Reihe von Blasen, die, wie eine erste, flüchtige Prüfung ergibt, offenbar nur die Farbschicht nach außen gedrückt haben. Öffnen wir einzelne Blasen mit einer Messerspitze, so tritt eine braune oder grüngraue, faulig riechende Flüssigkeit aus. Weiterer chemischer Beweise bedarf es nicht, denn die Diagnose ist eindeutig: Osmose. Nahezu alle Serienboote aus glasfaserverstärktem Kunststoff werden spätestens nach 8 bis 10 Jahren, einige bereits nach 2 Jahren, Segelzeit hiervon befallen.
Ursache der Blasenbildung ist der Durchtritt von Flüssigkeitsmolekülen durch halbdurchlässige (semipermeable) Wände in Richtung der stärker konzentrierten Lösung eines Stoffes. Die Wand, die in unserem Falle aus einer Gelcoat-Feinschicht und aus hartgewordenen Faser-Harz-Laminaten besteht, ist dabei nur für die Moleküle des Lösungsmittels (in unserem Falle: Wasser), nicht aber für die des gelösten Stoffes (mit winzigsten Harzkristallen) durchlässig.
Tatsächlich entstehen die Blasen nicht in der Farbschicht, sondern in bzw. unter der äußeren, den gesamten Bootsrumpf versiegelnden Gelcoat-Feinschicht. Sie sind Ausdruck einer interlaminaren osmotischen Quellung, bei

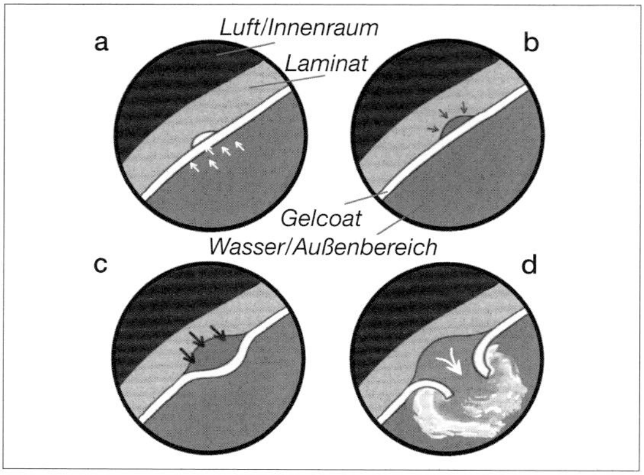

Osmose

der Wasser die Gelcoatschicht des Unterwasserschiffes molekular durchdringt und sich mit wasserlöslichen Kristallen in dem darunter liegenden Laminat verbindet. So werden durch winzigste Haarrisse hindurch im Laufe der Zeit immer mehr Wassermoleküle aufgrund des Konzentrationsgefälles beider Flüssigkeiten nach innen gezogen, um die Konzentration zwischen Innen und Außen auszugleichen. Bei dieser zunehmenden Volumenvergrößerung in einem relativ kleinen Bereich entsteht ein Druck bis zu 5,5 bar, der die äußere Laminatschicht mit dem Farbüberzug von innen hochdrückt und zu einer sichtbaren Blase am Unterwasserschiff führt.

Eine solche Blasenbildung ist immer ein Zeichen von Verarbeitungsfehlern während des Baus, qualitativ schlechten Materialien oder nicht optimaler Anwendungstechnik. Im Einzelnen kann sie folgende Ursachen haben:

- Die Gelcoat-Feinschicht wurde schlecht verarbeitet. Beim Laminieren wurde Luft in die Feinschicht oder unter sie eingerollt. Oder es wurden zu dünne Gelcoat-Schichten aufgetragen oder diese sind nur mangelhaft vernetzt. Bei der Bootspflege wurde im Laufe der Jahre die Feinschicht teilweise abgeschliffen und damit ausgedünnt bzw. beschädigt.
- Die für die Feinschicht benutzten Harze waren nicht ausreichend gegen Hydrolyse beständig. Dadurch hielten sie die zeitweilige oder dauernde

Wasserbelastung im Unterwasserbereich nicht aus. Erfahrungsgemäß tritt Osmose in kaltem oder salzhaltigem Seewasser weniger als in warmem See- und Brackwasser oder in Süßwasser auf.

- Für das erste Laminat unter der Gelcoat-Feinschicht wurden Glasmatten benutzt, deren Oberflächen nicht ausreichend für eine gute Harzanhaftung vorbereitet waren oder die einen zu hohen Bindeanteil hatten.
- Es wurden Glasmatten mit falschen Emulsionsbindern verwendet.
- Das Styrol im Polyesterharz wurde nach der Herstellung der Laminate ungenügend ausgelüftet.

Auf alle diese Fehler haben wir meist leider keinen Einfluss. Aber die Schädigung der Feinschicht, die zur Blasenpest führt, können auch wir verursachen,

→ weil unsere GFK-Boote ohne Schutz durch richtige Grundierungen und Antifouling-Anstriche in das Wasser gebracht oder

→ weil ätzende Grundierungen, die zur Vorbehandlung von Aluminium und Stahl, aber nicht von GFK-Booten hergestellt werden, verwendet wurden.

Es ist ratsam, nach Auftreten der Blasenpest eine umgehende Beseitigung vorzunehmen, damit sich die osmotische Quellung am Unterwasserschiff nicht verstärken und ausweiten kann. Sie wird sonst schnell zu einer zunehmenden Auflösung der äußeren Laminate und damit zur Zerstörung der wichtigsten Teile des Bootsrumpfes führen.

Reparaturmöglichkeiten der Blasenpest

Die notwendigen Reparaturarbeiten hängen von Art und Umfang der Blasenbildung ab. Vorher prüfen wir also:

- Wo treten die Blasen auf? Kommen sie einzeln oder flächenverbreitet vor?
- Handelt es sich nur um kleine Blasen von 0,5 mm Durchmesser oder haben sie bereits die Größe von 15 mm erreicht?
- Liegt die eingetretene Zerstörung nur oberflächig im Bereich der Gelcoatschicht oder hat sie sich bereits bis zu tieferen Laminatschichten durchgesetzt?

Behandlung einiger weniger Blasen

Bei einzelnen, kleinen bis mittelgroßen Blasen und ohne feststellbare tief greifende Zerstörung des Laminats öffnen wir jede einzelne Beule mit einer

Messerspitze und kratzen die umgebende Farbschicht vorsichtig ab. Anschließend wird die Schadstelle mit einem Dreikantschaber ausgeschält und mit grobem Schleifpapier eine Mulde geschliffen. Mit Süßwasser wird die Stelle sorgsam gesäubert.
Die Weiterbearbeitung darf erst nach vollständiger Trocknung erfolgen. Bei kleinen Schadflächen können wir das Austrocknen mithilfe eines Föns oder ähnlicher kleiner Heißluftgeräte beschleunigen. Bei größeren Schadflächen ist eine mehrmonatige Lufttrocknung notwendig, wenn nicht ebenfalls Heißluftgeräte das Laminat erwärmen können.
Ist die Schadstelle gut ausgetrocknet, wird sie mit einer Grundierung ausgetupft und dann mit einem Zwei-Komponenten-Epoxid-Spachtel verfüllt. Nach dem Aushärten wird die Stelle übergeschliffen, ehe mit dem weiteren Anstrich-Aufbau begonnen werden kann.

Vorgehen bei geringem Blasenbefall

Sind nur Teile des Unterwasserschiffes oder des Wasserpasses von mittelgroßen Blasen bedeckt und ist das Laminat jedoch noch nicht oder nur geringfügig beschädigt, gibt es folgende Reparaturmöglichkeit:
Die vorhandenen Blasen werden sorgfältig geöffnet und die übrige Gelcoatschicht matt angeschliffen. Dies geschieht mit der Hand, mit dem Rutscher oder vorsichtig mit der Schleifscheibe. Nach gründlichem Abwaschen der Oberfläche und Auswaschen der Löcher mit einer Hochdruckspritze und Süßwasser muss der Bootsrumpf unter günstigen atmosphärischen Voraussetzungen mindestens zwei Monate lang zur vollen Austrocknung gelagert werden. Der Einsatz eines Heißluftgebläses kann die Trockenzeit vermindern. Nur durch sorgfältiges Austrocknen stellen wir sicher, dass noch vorhandene Feuchtigkeitsreste im Laminat völlig verdunsten.
Ist völlige Trockenheit erreicht, schleifen wir die gesamte Fläche noch einmal über und entfernen den Schleifstaub. Dann folgt ein verdünnter Anstrich mit einer Zwei-Komponenten-Grundierung. Er soll bewirken, dass alle aufgeschliffenen Blasen gefüllt und eventuell vorhandene Hohlräume ausgeglichen werden. Eine zweite, ebenfalls mit 50%iger Verdünnung angerührte Grundierung folgt nach Trocknung des Erstanstrichs etwa 3 Stunden später. Wenn dieser

Anstrich angetrocknet ist, spachteln wir die Oberfläche mit einem Zwei-Komponenten-Epoxid-Spachtel. Diese Schicht wird nach Trocknung geschliffen, ehe mindestens 3 bis 6 Anstriche der Grundierung mit einer Mindestschichtdicke von 300 Micron folgen. Nach einer Intervallzeit von ca. 5 Stunden können dann die entsprechenden Anstriche mit Antifouling aufgebracht werden.

Reparaturmöglichkeit bei großflächiger Blasenpest

Wenn das Laminat bereits beschädigt ist und sich viele kleine und große Blasen über das ganze Unterwasserschiff ausbreiten, muss die alte Gelcoat-Feinschicht vollkommen entfernt werden. Da eine Handarbeit mit Schleifpapier zu lange dauert, kommt nur maschinelles Abschleifen infrage. Möglich ist auch ihre völlige Beseitigung mit einem Spachtel und Heißluftgebläse. Anschließend erfolgt ein gründliches Abwaschen mit Frischwasser und einer Bürste. Wichtig ist, dass alle Spuren von Salzen, Schleifpartikeln und Farbresten sorgfältig entfernt werden.

Nun kann der Rumpf austrocknen. Die gründliche Trocknung dauert bei einer Temperatur in der Lagerhalle von 15 bis 20 °C etwa 2 Monate. Bei niedrigen Temperaturen verlängert sich der Trocknungsprozess auf 4 bis 6 Monate. Durch Erwärmung der Flächen mittels Infrarotstrahlern bis maximal 60 °C kann der Trockenvorgang auf wenige Wochen verkürzt werden. Die Anstricharbeiten können erst anfangen, wenn eine ausreichende Trocknung vorangegangen ist.

Der Anstrichaufbau beginnt mit einer Versiegelung durch eine dünnflüssige Vor-Grundierung, die gut in alle Vertiefungen eindringen kann. Die Einarbeitung erfolgt mit dem Pinsel, damit diese richtig in das Laminat eindringt und freie Glasfasern befestigt. Im Allgemeinen genügen zwei dieser Voranstriche, doch sollten poröse Laminate besser vier Voranstriche erhalten.

Auf den letzten angetrockneten, aber noch leicht klebrigen Anstrich folgt die Bearbeitung aller Löcher und Schadstellen mit einem Zwei-Komponenten-Epoxy-Spachtel. Ist er ausgehärtet, wird die gesamte Fläche des Unterwasserschiffes nochmals mit Zwei-Komponenten-Spachtel behandelt.

Nach jeweiliger Trocknung und Zwischenschliff sowie dem gründlichen Entfernen von Schleifstaub tragen wir anschließend etwa fünf Schichten einer

hellen Zwei-Komponenten-Grundierung mit Pinsel oder Rolle auf. Das Anstrich-Intervall zwischen den einzelnen Farbschichten sollte mindestens 24 Stunden, aber auch nicht länger betragen, damit einerseits alle eingeschlossenen Lösungsmittel verdunsten können, andererseits kein Zwischenschliff erforderlich ist. Die gesamte Trockenschichtdicke der Grundierung sollte mindestens 325 Micron = 0,325 mm betragen.
Um eine gute Haftung der folgenden Antifouling-Anstriche zu gewährleisten, muss die erste Antifouling-Schutzschicht aufgebracht werden, solange die letzte Schicht der Grundierung noch leicht klebrig ist, etwa innerhalb von 5 Stunden. Der zweite Antifouling-Anstrich und alle weiteren Farbschichten können dann unabhängig von Zeitabständen folgen.
Nach dieser empfohlenen Methode konnten GFK-Boote mit gutem Erfolg repariert werden und den Wert unseres Bootes erhalten. Sicher ist es aber billiger, unser Unterwasserschiff von Anfang an durch die richtige Grundierung und einen qualitativ guten Antifouling-Anstrich gegen solche Zerstörungen zu schützen.

Spaß am Basteln

Wenn wir einen Sommer lang unter Segeln oder Motor geschippert sind, haben wir an, auf und in anderen Booten eine Menge von Dingen gesehen, die praktisch sind und die wir ebenfalls an Bord einbauen möchten. Wie viel davon verwirklicht wird, hängt natürlich von unserem Boot, aber mehr noch von unserer Bastelkunst und der verfügbaren Zeit ab.

Handwerkeln und kleine Verbesserungen

Einige Anregungen für schöpferische Ideen und kleine Verbesserungen, die das Bordleben leicht und vergnüglich machen, werden im Folgenden aufgezeigt.

Gummistropps sind flexibel einsetzbar und daher sehr nützlich. Einen kleinen Vorrat verschiedener Stärke und Länge sollten wir an Bord bereithalten. Zwei kleine Augbolzen und ein Gummistropp sind notwendig, um Festmacher oder leichtere Leinen griffbereit unter einem Backskistendeckel in der Plicht zu zurren. Zwei Löcher mit der Handbohrmaschine und ein Gummistropp, dessen Enden Achtknoten erhalten, werden für eine Flaschenhalterung in einer Ecke der Plicht benötigt.

Gegen das Wegrutschen der Kleinteile bei Seegang, wie Bleistifte oder Feuerzeug, helfen dünne Gummibänder. Diese werden mehrfach um den Gegenstand geschlungen und damit das ungeordnete Rutschen auf der Back oder dem Navigationstisch unterbunden.

Gummistropps sind vielseitig einsetzbar

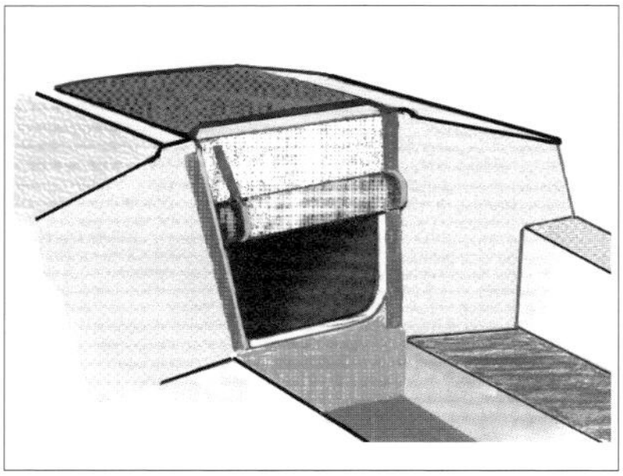

Klettband für Fliegengitter

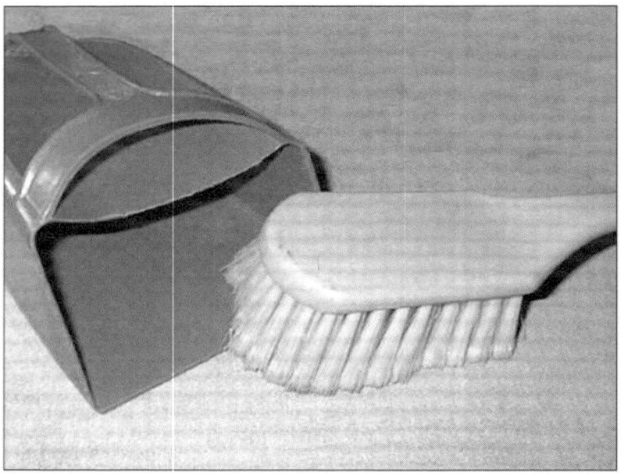

Ösfass eingesetzt als Handschaufel

Ebenso hervorragend hilft Klettband, damit Kleinteile bei Seegang sicher an ihrem Platz bleiben. Kleben wir auf Stifte oder Navigationsdreiecke ein Stück Klettband und ein weiteres an Kajütwand oder Schott, so sind die Gegenstände griffbereit und lassen sich schnell befestigen und wieder lösen. Auch kleine Tauwerksenden und sogar die Rettungsweste lassen sich damit seegangssicher aufhängen.
Damit am Abend keine Mücken oder Fliegen durch die geöffneten Luken in die Kajüte gelangen, wird ein schmales Klettband rings um das Luk geklebt. Daran lässt sich eine Gaze oder Gardine rasch befestigen und wieder lösen.
Normale Handschaufeln mit Handfegern sind oft an Bord ungeeignet, da nicht alle Ecken und Winkel erreicht werden. Eine billige Lösung erscheint uns als die beste: Wir benutzen unser – ohnehin an Bord befindliches – Ösfass mit einer passenden weichen Bürste. Es lässt sich am Griff gut anfassen, passt in die entlegensten Winkeln des Bootes und der Staub und Dreck fallen hinten nicht wieder herunter. Bringen wir noch zwei kleine Klampen im Schrank an, lässt sich diese Ösfass-Kehrschaufel seegangssicher aufhängen. Statt des Ösfasses ist auch eine leere Plastikflasche dienlich, wenn zuvor der Boden abgeschnitten wird.
Kunststoffschellen haltern nicht nur die Taschenlampe, sondern helfen auch, Ordnung in der Backskiste zu halten. Tampen und Zeisinge werden dort aufgehängt oder der Wantenschneider griffbereit befestigt.

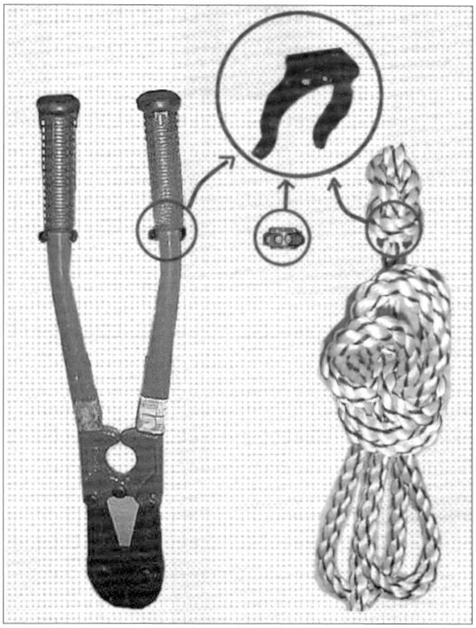
Kunststoffschellen als Halterungen

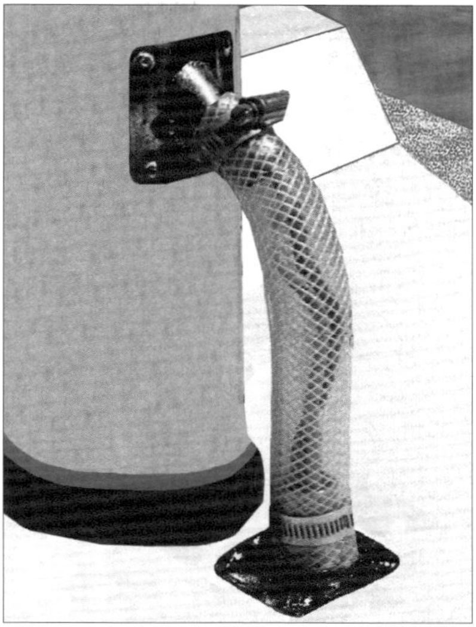
Wasserdichter Kabelkanal

Da Stecker an Deck besonders korrosions- und bruchgefährdet sind, empfiehlt sich der Bau einer wasserdichten Decksdurchführung für die Verkabelung im Mast. Dazu werden zwei Rohrstücke an Mast und Deck wasserdicht montiert und durch einen widerstandfähigen Gewebeschlauch miteinander verbunden. In dem wasserdichten Kabelkanal werden die Kabel unter Deck geführt und dort angeschlossen. Durch Lösen der Schlauchschellen ist die Kabelverbindung schnell zu demontieren.

Wir pflegen den Baum mit der Dirk

Die Dirk, früher eine seemännische Selbstverständlichkeit, wird auf neuen Booten oft vergessen. Auch eine Baumstütze, früher sogar als »Galgen« über die ganze Cockpitbreite benutzt, ist Bootseignern von heute meistens unbe-

kannt. Die Folge ist, dass der Baum unabgesichert in die Plicht fällt, wenn das Segel gefiert wird. Er stößt hierbei auf die Kanten des Schotbalkens, des Brückendecks oder der achteren Kajütwand, die Beschädigungen des Hohlprofils verursachen.
Eine Dirk muss wenig tragen, denn die Bäume sind leicht. Und sie kann aus dünnem Material sein, das wenig Windwiderstand verursacht. Am besten benutzen wir ein Kunststofftauwerk mit hoher Reißfestigkeit. Bei Jollen mit kleinen Segeln und leichten Bäumen genügt eine am Masttopp befestigte Dirk, die an der Baumnock in ihrer Länge durch ein einfaches, zweimal durchbohrtes Holzblättchen beliebig verstellt wird.
Möchten wir keine Dirk bis zum Masttopp, so bewährt sich als vereinfachte kurze Dirk auch ein kurzer Stropp, der mit Hilfe eines Stoppersteks senkrecht über der Großbaumnock an das Achterstag gesteckt wird und an der Baumnock eingeschäkelt oder festgebändselt wird.
Bei einem Boot mit größerem Segel und schwererem Baum sorgt eine Umlenkrolle am Masttopp dafür, dass wir die Dirk auch heißen oder fieren können.

Vereinfachte kurze Dirk

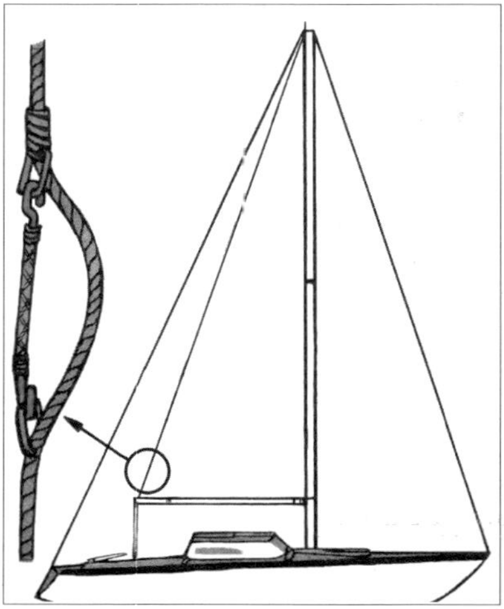

Gummistropp für die Dirk

Laschen wir noch zwei kleine Augen in die Dirk und hängen dazwischen einen kurzen Gummistropp ein, verhüten wir das Schamfilen der Dirk, ohne den Stand des Segels auf allen Kursen negativ zu beeinflussen.

Auch Wantensicherung ist Bootspflege

Wantenspanner müssen gesichert werden, damit sie sich nicht aufdrehen. Allerdings kann diese Drahtsicherung leicht ein Segel oder eine Hose zerreißen. Wantenspanner mit Stockschrauben auf dem Gewinde sind besser, aber auch teurer. Deshalb umwickeln wir unsere Wantenspanner mit Tape, nachdem sie mit einem Splint gesichert wurden. Allerdings wird dieser Überzug im Laufe der Saison klebrig und dreckig und lässt sich nur mühsam entfernen. Besser geeignet ist deshalb ein selbstverklebendes Kunststoffband, das unter Dehnung um die betreffende Stelle gewickelt wird. Die übereinander liegenden Lagen verschmelzen nach einiger Zeit und lassen sich mit einem Messer wieder leicht entfernen.
Damit Genua und Schoten nicht an den Wantenspannern schamfilen können, sollten diese unter einer Schutzhülle verschwinden. Improvisierte oder gekaufte Überzieher aus Kunststoff sehen aber nicht besonders ansehnlich aus und verschmutzen rasch. Außerdem rutschen diese steifen Überzüge schmerzhaft auf die Hände oder Finger, wenn die Wantenspanner gespannt werden.

Deshalb haben wir für unsere Wantenspanner Überzüge in den passenden Abmessungen aus einem Stück Persenningtuch genäht, das durch ein senkrechtes Klettband seitlich verschlossen wird. Am oberen Rand bändseln wir es am Want fest.

Dies sieht nicht nur seemännisch aus, sondern auf diese Weise rinnt das Regenwasser auch nicht direkt am Wantenspanner entlang. Zur Reinigung oder zur Einwinterung der Takelage lässt sich dieser Überzug schnell völlig entfernen. Und ein Stück Stoff bequem in der Waschmaschine zu säubern, ziehen wir der unbequemen und aufwändigen Reinigung der Kunststoffüberzieher an Bord vor!

Takelarbeiten lassen sich selbst machen

Wenn gebrochene Kardeele, beschädigte Spleiße und andere Stellen in Faser- oder Drahttauwerk des stehenden und laufenden Gutes erkannt werden, müssen wir nicht unbedingt selbst zum Marlspieker greifen, um neu zu spleißen. Besonders Drahtspleiße sind kein Vergnügen!
Aber die Industrie hat neue Möglichkeiten entwickelt, Kauschen zu befestigen, ohne spleißen zu müssen. Der Trick bei vielen ist nur, dass dazu spezielle Geräte erforderlich sind, die nur der Fachmann besitzt – und auf ihn müssen wir warten. Kommt er endlich, ist die Arbeit in wenigen Minuten getan; aber die Kosten durch Anfahrt und Wegegeld doch eher hoch. Warum sollten wir diese Arbeit nicht auch allein machen? Mit einer speziellen Druckzange können aufgesetzte Hülsen zusammengedrückt werden. So entstehen Augen im Drahttauwerk beliebiger Länge mit und ohne eingelassene Kausch. Die Zange selbst erlaubt die Bearbeitung von vier Hülsen unterschiedlichen Durchmessers, die für den weiten Bereich des an Bord benutzten Tauwerks ausreichen. Um die teure Anschaffung der Zange für uns allein zu vermeiden, legen wir am besten zusammen und nutzen sie im Klub oder unter Freunden gemeinsam – dann macht sie sich immer bezahlt.
Ohne teures Werkzeug können die Enden nach dem Marlow-Prinzip befestigt werden. Auch hier wird eine längere Hülse auf den Tampen gesetzt. Dann werden die einzelnen Drähte der Kardeele aufgedreht, bis ein kleiner Trich-

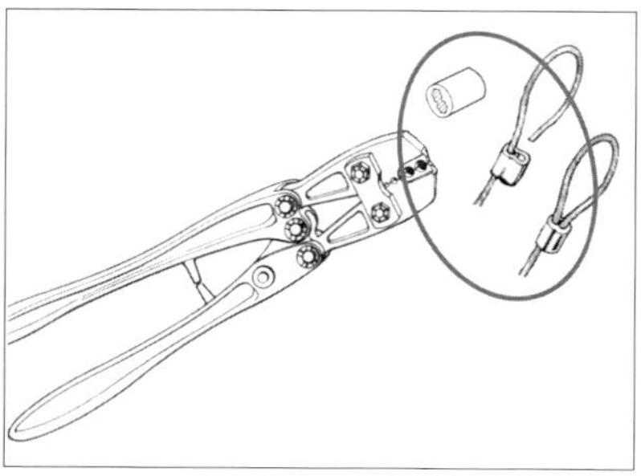

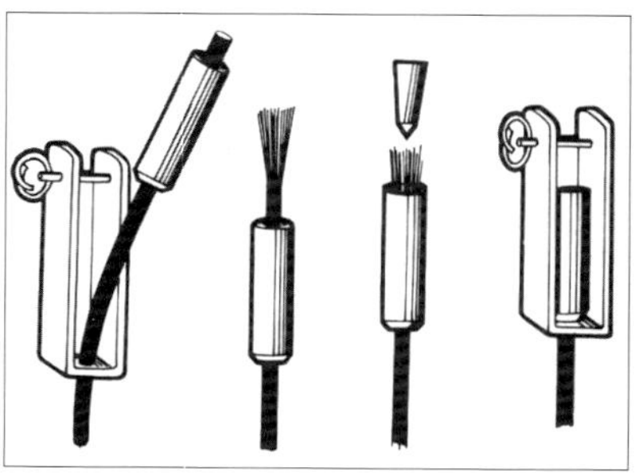

Befestigungen im Drahttauwerk

ter entsteht. In ihn hinein drücken wir einen zylindrischen Kern, der die vielen Drähte auf ungefähr halbe Hülsenlänge rund um und an die Innenwandung presst und festhält. Der Keil wird ganz versenkt und ist anschließend nicht mehr zu sehen – aber der Stopper mit seinem Endstück ist relativ klobig, so dass er wohl für Relingstützen und andere Teile an Bord zu verwenden ist, die keinen Windwiderstand verursachen können, nicht aber am übrigen stehenden oder laufenden Gut der Takelage.

Seemännisches Steuerrad

Seemännisches Steuerrad

Metallisch blanke Steuerräder sehen zwar gut aus, aber bei feuchtem Wetter und niedrigen Temperaturen lässt sich damit nur schlecht ein Kurs halten. Deshalb gibt es heute für die Metallsteuerräder zur besseren Griffigkeit einen Lederschutz als Ummantelung. Wunderschön und natürlich seemännischer sieht ein gut betakeltes Steuerrad aus.
Dafür umwickelten wir unser Steuerrad mit etwa 2 bis 4 mm (abhängig von der Größe des Rades) starkem Tauwerk in dicht aneinander liegenden Parten. Zur Verzierung arbeiteten wir anschließend einige türkische Bunde an den Speichenenden. Diese Arbeit macht nicht nur Spaß, sondern das Steuerrad liegt bei jeder Temperatur angenehm in der Hand.

Ordentliche Festmacher

Festmacher sollten immer im besten Zustand sein, damit unser Boot im Hafen oder in der Marina sicher und fest bei jedem Wind und Seegang liegt. Allerdings halten Festmacher nur eine begrenzte Zeit und müssen deshalb ab und an erneuert werden. Nimmt man im Herbst bereits das entsprechende Längenmaß, so kann dies eine nützliche Winterarbeit in der warmen Stube sein. Liegt das Boot an Pfählen, empfiehlt sich das Einspleißen eines festen Auges entsprechend der Pfahldicke. Um das Einrucken der Festmacherleinen abzufedern, machen sich Gummistoßdämpfer oder Zugfedern bezahlt. Die Enden der Festmacher sichern wir gegen Aufdröseln mit Takelingen.

Möchten wir noch etwas mehr für die Haltbarkeit unserer aufgesetzten Takelinge und damit für die lange Lebensdauer unserer Festmacher tun, empfiehlt sich das Lackieren der Takelinge mit farblosem Bootslack.

GFK-Yachten haben oft eine Holzscheuerleiste, zumal wenn das Deck mit Holz belegt ist. Diese schützt zwar das Boot vor Beschädigungen, muss selbst aber gleichfalls vor den Festmachern geschützt werden. Das heutige Tauwerk ist sehr abriebfest und durchaus in der Lage, das Teak- oder Mahagoniholz mechanisch zu zerstören.

Abhilfe schafft ein Flachhalbrundprofil aus Messing, V4A-Edelstahl oder auch feuerverzinktem Stahl, welches im Bereich der Festmacher auf das Holz aufgeschraubt wird.

Die Länge muss so bemessen sein, dass die Leinen bis etwa 15 Grad nach vorn und achtern sicher aufliegen. Natürlich schleifen wir die Sägekanten der Abschnitte rund und entgraten die Kanten, damit das Tauwerk nicht scheuert und Kardeele verletzt werden. Diese kleinen Leisten sind überdies bei Stahlschiffen wirkungsvoll, um lackierte Sülls zu schützen.

Tausendfüßler zum Schutz der Segel

So ein Tausendfüßlerplatting als Bewicklung um die Wanten ist zwar ein wirksamer Schutz und bewahrt das Segel gegen Schamfilen, aber er passt natürlich erstklassig auf altmodische Boote. Aber wer Langtörns segelt, wird diesen Schutz zu schätzen wissen, zünftig finden und selber takeln.

Kantenschutz

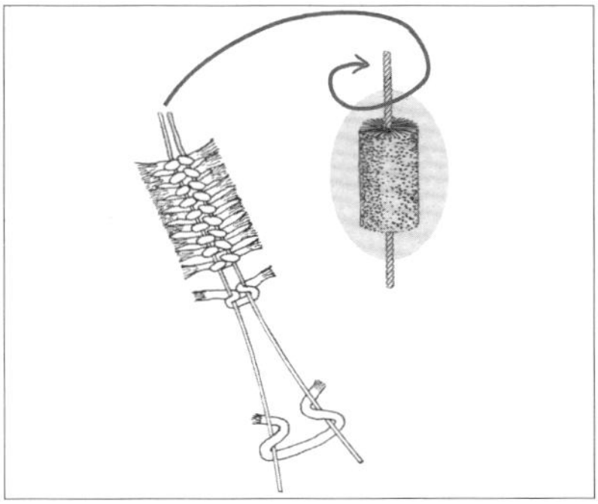

Tausendfüßlerplatting zum Schutz der Segel

Zur Herstellung drehen wir entweder eine alte, mehrkardeelige Leine auseinander oder benutzen neues Garn, das etwa 3 bis 5 mm stark sein sollte. Wir schneiden daraus eine Vielzahl von 10 cm langen Stücken. Diese Enden werden dann um zwei stramm gehaltene Marlleinen mit der Bucht nach unten herumgelegt und in den Zwischenraum von jeder Seite dazwischen gesteckt. Beim Voranschreiten der Arbeit schieben wir diese fest aneinander. Anschließend wird das fertige Stück von etwa 60 bis 80 cm Länge um das Want mit der ausgefransten Seite nach außen gewickelt und an den Enden festgebändselt.

Netze als Stauraum

Auf unserem Boot haben sich am Fußende über den Kojen aufgespannte grobmaschige Haltenetze bewährt, in denen wir nicht nur Wäschestücke aufbewahren. Auch Kojenzeug und Kopfkissen lassen sich hier in der Zugluft geöffneter Bulleyes, Lüfter und Luken zum Auslüften unterbringen. Gegebenenfalls lässt sich ebenso ein 1 bis 1,5 m langes Netz zu diesem Zweck wie eine Hängematte am Tage über der Koje aufspannen. Auf längeren Atlantiktörns fanden in diesem Hängenetz nicht nur Frischbrot und

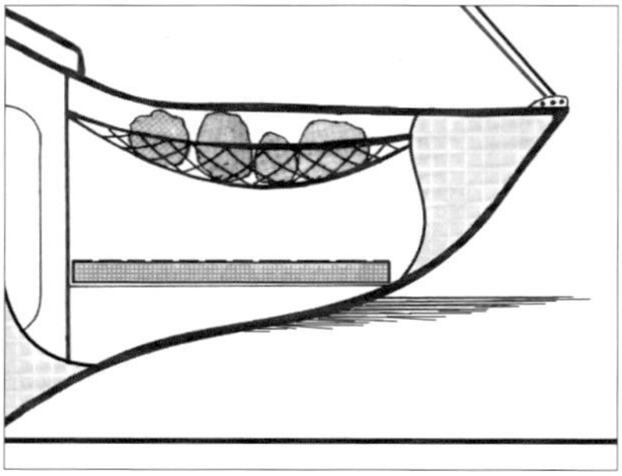

Ein Netz über der Koje als gut gelüfteter Stauraum

Früchte, die nicht schimmeln sollten, ihre Aufnahme, sondern auch Fernglas und Fotoapparate, die hier schlingernsicher gehaltert waren.
Die Schlingerleiste bei offenen Schapps reicht bei Seegang oft nicht aus. Wenn das Wetter rauer wird, sichern wir also auch diese Räume durch Netze, deren Ränder wir mit Gummistropps eingefasst haben. An den Enden sind kleine Schlaufen, so dass wir das Netz bequem über Plastikhaken einhängen können.

Takelbeutel

Kleine Beutel aus Stoff oder Segeltuch, am oberen Rand mit einem Bändseldurchzug versehen, sind an Bord praktisch und sorgen für Ordnung. Fliegt man häufiger in die Ferne, gibt es diese praktischen Beutel mit Socken und Zahnputzzeug sogar gratis im Flugzeug. Wir bewahren darin Kleinkram auf, der sonst nur in der Kajüte herumfliegt. So gibt es an Bord Beutel für Zwiebeln, Brot, Zeisinge, Notwerkzeug, Nähzeug usw. Werden die Beutel noch mit einem Stoffmaler beschriftet oder mit Garn schön bestickt, findet sich alles rasch an.

Beutel für die Ordnung

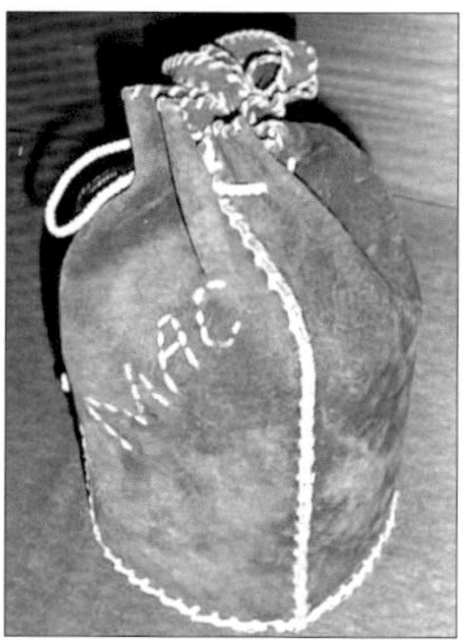

Selbst gefertigter Takelbeutel

Ein besonders schönes Mitbringsel für Segler oder ein Taufgeschenk ist ein Takelbeutel. Aus Lederresten selbst gefertigt und versehen mit dem Bootsnamen, ist es zugleich ein nützliches wie künstlerisches Geschenk.
Als Grundausstattung für den Takelbeutel empfiehlt sich ein Takelmesser mit Marlspieker, ein Segelmacherhandschuh, einige Segelnadeln, normales Nähgarn und Takelgarn, ein Fitt zum Spleißen von Trossen, ein Pricker – kleiner Stahldorn – zum Einstechen von Ösen und ein Holzbrettchen als Unterlage oder für die Tauwerkschmelze.

Kojensegel

Wie schaffen wir uns eine sichere und geschützte Koje, damit ein mehrtägiger Törn zur Freude wird, weil wir bestens ausgeschlafen unsere Wache antreten können?

Wir sichern den ungeschützten freien Seitenraum einer Koje durch ein Leesegel gegen das Herausfallen bei Seegang.

Außerdem ist es gleich viel gemütlicher, wenn unser Schlafbereich ungestört vom Bordleben abgetrennt ist. Nur wenn wir uns im Schlaf mit absolutem Vertrauen gegen einen derartigen Schutz lehnen können, ist ein Tiefschlaf und damit die Erhaltung der Kondition über mehrere Tage gewährleistet. Dabei müssen die Leesegel über die gesamte Kojenlänge reichen, damit wir uns völlig entspannen können. Zu kurze Leesegel führen zur Verkrampfung des Körpers und ein erholsamer Tiefschlaf ist nicht möglich.
Wir nehmen Planstoff oder schweres Segeltuch, Länge 1,80 bis 2,00 m in Abhängigkeit von den Abmessungen der Koje und Breite ca. 50 bis 60 cm. Die Befestigung erfolgt unter dem Polster – für eine ständige Einrichtung – oder wahlweise mit Kauschen, damit das Kojensegel mit einer Reihleine in die entsprechenden Bohrungen am Kojenrand zuverlässig befestigt werden kann. An den Schmalseiten und oben sind Kauschen eingearbeitet, um es bei Bedarf zu einem auf entsprechende Höhe an dem Kojenende befestigten Beschlag zu laschen. Falls wir die Näharbeit nicht selber durchführen, fertigt

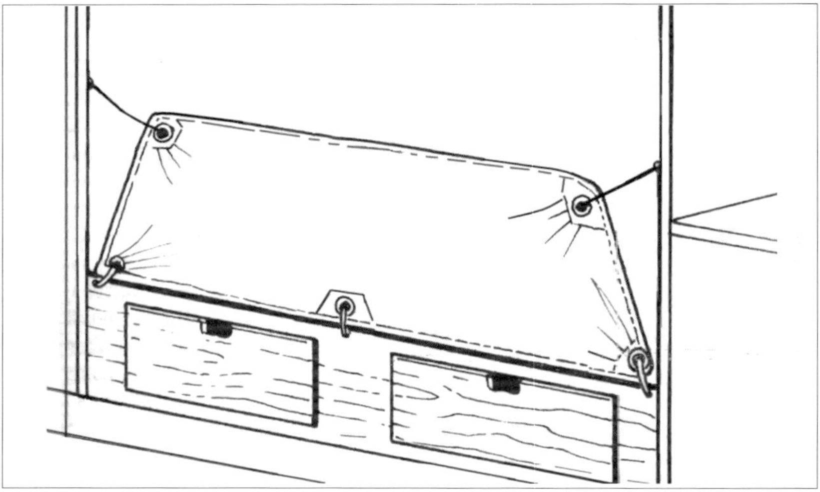

Kojensegel

uns auch der Segelmacher relativ günstig ein derartiges Tuch, gleich mit den geschlagenen Kauschen an den zuvor vermessenen und festgelegten Stellen. Auch wenn niemand in der Koje schläft, ist dieses Leesegel praktisch, da bei Seegang Decken, Kissen oder sonstige Sachen seegangsgeschützt nicht im Boot herumwirbeln. Im letzten Urlaub hat das jüngste Mitglied unserer Crew, ein Kleinkind, während des Törns im Schutz dieses Leesegels wunderbar gespielt, und wir hatten keine Sorge, dass es bei einer unvorhergesehenen Bewegung des Bootes herausfiel.

Wir sind zufrieden!

Es wurde eine Fülle von Arbeiten rund um unser Boot aufgezeigt. Sicher ist die Liste nicht vollständig, denn so wie wir Wassersportler Individualisten sind, hat auch jedes Boot seine ganz speziellen Eigenheiten.
Nicht alle Schritte der Frühjahrsüberholung werden jedes Jahr wiederholt, aber eine regelmäßige Pflege und Polierung der Außenhaut wird die Oberfläche des Bootes von Jahr zu Jahr eher verbessern. Nach 25 Jahren Pflege sieht unser altes Boot besser aus als neu, und alles Zubehör funktioniert. Obwohl die Gelcoat-Außenhaut nicht gestrichen wurde, glänzt sie wunderbar.
Unser Boot ist ein sehr komplexes Gerät. Aber um je einfacher und übersichtlicher wir es gestalten, desto weniger brauchen wir zu kontrollieren und zu reparieren!
Meistens sind wir nicht ausgebildete Elektriker, Motorenspezialisten, Klempner, Elektroniker, Bootsbauer oder Tischler, aber unabhängig bleiben wir nur, wenn wir uns möglichst auf unser eigenes Können und Wissen verlassen können. Einfach und bequem möglich wird dies nur mit einem unkomplizierten Schiff, welches wir in allen Einzelheiten durchschauen. Es muss nicht unbedingt perfekt, sollte aber sicher und robust sein. Was nicht vorhanden ist, braucht auch nicht gepflegt, gewartet oder repariert zu werden.
Wenn die gesamte Crew hilft, werden erstens die notwendigen Arbeiten schnell erledigt sein und zweitens wird sie weiterhin kompetent und sorgfältig mit dem Boot umgehen! Denn nur wer wirklich selbst Hand anlegt, weiß auf Dauer sein Boot zu schätzen.
Gut ist auch, wenn wir in Notfällen oder bei besonderen Ereignissen improvisieren können. Mit einer kleinen Grundausstattung an wichtigen Materialien wie Schrauben, Holzleisten, Bolzen, Muttern, Schäkeln, Klebstoffen und Tape sowie Reinigungsmitteln und Werkzeug können wir uns dann einiges einfallen lassen. Auf jeden Fall verleiht es uns mehr Sicherheit, wenn wir

unser Boot selber pflegen und reparieren können. Damit ist Bootspflege wirklich ein Teil Seemannschaft, die sich nicht nur im Setzen einer Nationalen – natürlich einer nicht ausgefransten – zeigt.
Wenn unser Boot nach vielen Jahren immer noch gut und stolz aussieht, nach unserer Meinung besser als zu Beginn, werden wir uns nur schwer trennen können. Wie bei einem bewährten Ehepaar sind alle Macken und Unzulänglichkeiten bekannt. Dann hat unser Boot doch eine Seele!
Und gut gepflegte Boote sind gewiss schöner als neue, weil wir wissen, wie ihr Seeverhalten in vielen Situationen ist. Möge dieses Buch im Sinne einer ideenreichen Anleitung und Motivation dazu beitragen, dass unser Boot viele Jahre schön und gepflegt bleibt.

Checkliste für das Indienststellen des Bootes

Bootsteil	***Worauf achten wir?***	***Was können wir tun?***
Unterwasserschiff		
Außenhaut	Bläschenbildung, Roststellen	Überholung des Unterwasserschiffes, Osmosebehandlung
Kiel	Schäden im Laminat an Kielvorderkante und -unterseite, Risse am Übergang zum Rumpf, Verbolzung mit dem Rumpf	Laminieren, Spachteln, Muttern nachziehen und sichern
Bord-durchlässe	Farbveränderungen, Korrosion	Einsetzen neuer Fittings, Ölen und Fetten der Kugelventile
Ruder	Beweglichkeit, Schäden im Laminat	Ruder ziehen und ausrichten
Propeller und Welle	Fester Sitz, Lagerspiel	Stopfbuchse fetten, Vorratsbehälter auffüllen, Gleitringdichtung erneuern
Zinkanoden	Verfärbung der Oberfläche, Materialabtrag	Ersatz, Oberfläche mit Drahtbürste reinigen

Überwasserschiff, Deck und Aufbauten		
Oberfläche	Löcher oder Risse in Gelcoat-schicht, Roststellen in Lackschicht	Frühjahrsüberholung, Schleifen, Streichen, Ausbessern, Wachsen
Teakdeck	Fugen und Verleimung, Pfropfen	Neu Verfugen, Pfropfen nachsetzen
Beschläge	Befestigung, Dichtigkeit	Beschlag abbauen, Dichtmasse erneuern und Beschlag neu montieren
Reling	Durchzüge, Risse an Endbeschlägen	Durchzüge straff durchsetzen, Erneuern der Durchzüge
Fenster und Luken	Dichtungen, Matte, milchige Oberfläche, Kratzer, Befestigung	Gummi erneuern, Acrylglas polieren, Scharniere und Ver schlüsse fetten
Ankergeschirr	Wasserablauf im Ketten-kasten, Funktionstüchtigkeit der Ankerwinsch, Kabelanschluß, Gängigkeit der Ankerrolle, Korrosion Kettenglieder, Länge der Ankerkette	Wartung der Anker-winsch, Verzinken der Kette, Säubern Kettenkasten, Schmieren der Rolle, Längen kennzeichnen
Winschen	Befestigung, Gängigkeit	Warten und Fetten
Festmacher und Fender	Schamfilstellen, Beschädigungen einzelner	Ersatz schaffen, Enden betakeln,

	Kardeele, Aushärten von Tauwerk, Druck im Fender	Fender prall aufpum- pen
Kabel- durchführung	Feuchtigkeit an Anschlüssen, Korrosion, Ungeziefer im Schwanenhals	Reinigen, Einsprühen mit Korrosionsspray
Positions- laternen	Korrosion an Lampenfassungen, Ausrichtung der Sektoren, Glühlampen	Reinigen, Einsprühen mit Korrosionsspray, Funktionstest aller Verbraucher
Kompass	Füllung, Beleuchtung, Deviation	Wartung, Kompensation
Unter Deck		
Motor	Schlauchverbindungen, Rohrleitungen, Verbindung Getriebe zur Welle, Motorfundament, Stopfbuchse, Impeller Seewasserpumpe, Spannung Keilriemen, Seewasserfilter kontrollieren, Treibstofffilter, Kabelanschlüsse, Öl- oder Wasserflecken, Ölstand in Motor und Getriebe, Ladespannung	Motordurchsicht und -wartung, Prüfung auf festen Sitz aller Anschlüsse und Schraubverbindungen, Untersuchung auf Korrosion und Leck- stellen, Ölwechsel, Impellerwechsel, Filter reinigen oder erneuern, Schlauchschellen nachziehen, Einsprühen mit Marinespray

Batterie	Säureanteil, Wasserstand, Kabelbefestigung an Polen	Messen und Auffüllen, Destilliertes Wasser auffüllen, Schellen nachziehen, Pole fetten
Wasserhähne und Schläuche	Dichtigkeit, Korrosion, Leichtgängigkeit, Druckwasserpumpe	Schlauchschellen nachziehen, Funktion prüfen
Lenzanlage	Pumpenfunktion, Dichtigkeit	Funktionstest, Verstopfung im Ansaugrohr beseitigen
Kocher	Dichtigkeit der Gasanlage	Abnahme der Gasanlage, Ventile und Schläuche prüfen
Toilette	Gängigkeit, Zu- und Ableitungen	Prüfen, Dichtungen austauschen, Ventile fetten
Sicherheitseinrichtungen	Funktion, Verfallsdatum	Testen, Austauschen
Takelage		
Mast und Spieren, Spinnakerbäume	Mechanische Beschädigungen, Lochkorrosion durch Elektrolyse, Lose Nieten, Befestigungen der Beschläge, Aufblühen zwischen Mast und Beschlägen, Windenpodeste und Winschen, Gängigkeit der Rollen, Reffeinrichtung, Halterungen von Antenne und Windmesser,	Streichen, Ersetzen der nicht festen Teile, Neue Nietung, Fetten und Ölen, Beschläge abnehmen, neu isolieren und wieder anschrauben, Mast polieren

	Bolzen und Splinte, Seefeste Halterung Spinnakerbäume	
Beleuchtung	Funktion von Topplicht, Deckslicht und Ankerlicht	Gummidichtungen erneuern, Wasser entfernen und trocknen
Stehendes Gut	Brüche von Einzeldrähten, Fleischhaken, Verformungen der Terminals, Risse in den Terminals, Gewinde der Wantenspanner	Sicherungssplinte erneuern, Spannschrauben fetten, Austauschen, Wantenspanner sichern
Laufendes Gut	Schamfilstellen, Tauwerksmantel, Kuhschwänze, Blöcke	Takelinge aufsetzen, Spleißen, Blöcke reinigen und Lager fetten
Roffreffanlage	Korrosion, Kinkenbildung der Reffleine	Reinigen und Fetten, Leine ausdrehen
Mastrutscher	Gängigkeit	Gleitspray
Segel		
Arbeitssegel und Beisegel	Schamfilstellen, Nähte, Segellattentaschen, Reffgatchen, Achterliek, UV-Strahlung	Tuchdopplungen oder Verstärkungen, Nachnähen, Reffgatchen neu einnähen, Segelüberzug, Baumpersenning, aufgenähter UV-Schutz
Segellatten	Länge	Einpassen, Bezeichnen

Stichwortverzeichnis

Yacht-Bücherei

W. Stein
Bd. 1, Das kleine Sternenbuch
ISBN 978-3-87412-114-9

E. Sondheim
Bd. 9, Knoten – Spleißen – Takeln
ISBN 978-3-87412-171-2

J. Schult
Bd. 40, Segeltechnik
ISBN 978-3-87412-101-9

B. Aarre / M. Beilken
Bd. 50, Spinnakersegeln
ISBN 978-3-87412-123-1

E. Twiname / B. Willis
Bd. 54, Die Wettfahrtregeln Segeln – 2009–2012
ISBN 978-3-87412-182-8

B. Schenk
Bd. 60, Hafenmanöver
ISBN 978-3-87412-137-8

M. Stadler
Bd. 74, Psychologie an Bord
ISBN 978-3-87412-121-7

Peter Schweer
Bd. 86, Das optimal getrimmte Rigg
ISBN 978-3-87412-127-9

W. Stein/ W. Kumm
Bd. 88, Astronomische Navigation
ISBN 978-3-87412-138-5

A. Bark
Bd. 92, Kollisionsverhütungsregeln
ISBN 978-3-87412-111-8

D. v. Haeften
Bd. 100, Sturm – was tun?
ISBN 978-3-87412-140-8

Bd. 107, KVR / SeeSchStrO
ISBN 978-3-87412-175-0

C. W. Schmidt-Luchs
Bd. 108, Angeln von Bord
ISBN 978-3-87412-149-1

P. Pollack
Bd. 110, Der erste Törn
ISBN 978-3-87412-152-1

B. Webb / Cruising Association
Bd. 113, Internationales Yachtwörterbuch
ISBN 978-3-87412-181-1

M. Schult
Bd. 128, Bootspflege selbst gemacht
ISBN 978-3-87412-169-9

T. Bartlett / W. Kumm
Bd. 132, Radar in der Sportschifffahrt
ISBN 978-3-87412-177-4

R. Hirche
Bd. 136, AIS in Theorie und Praxis
ISBN 978-3-87412-183-5